Tras la llegada
del bebé

Wynn McClenahan Burkett

Tras la llegada del bebé

Cómo compaginar
la vida profesional con la maternidad

Título original: *Life After Baby*
Publicado en inglés por Wildcat Canyon Press,
a division of Circulus Publishing Group, Inc.

Traducción de Elena Barrutia

Diseño de cubierta: Valerio Viano

Fotografía de cubierta: I.T. Stock International / Stock Photos

Distribución exclusiva:
Ediciones Paidós Ibérica, S.A.
Mariano Cubí 92 - 08021 Barcelona - España
Editorial Paidós, S.A.I.C.F.
Defensa 599 - 1065 Buenos Aires - Argentina
Editorial Paidós Mexicana, S.A.
Rubén Darío 118, col. Moderna - 03510 México D.F. - México

Quedan rigurosamente prohibidas, sin la autorización escrita de los titulares del copyright, bajo las sanciones establecidas en las leyes, la reproducción total o parcial de esta obra por cualquier medio o procedimiento, comprendidos la reprografía y el tratamiento informático, y la distribución de ejemplares de ella mediante alquiler o préstamo públicos.

© 2000 by Wynn McClenahan Burkett

© 2003 exclusivo de todas las ediciones en lengua española:
Ediciones Oniro, S.A.
Muntaner 261, 3.º 2.ª - 08021 Barcelona - España
(oniro@edicionesoniro.com - www.edicionesoniro.com)

ISBN: 84-9754-091-3
Depósito legal: B-33.143-2003

Impreso en Huropc, S.L.
Lima, 3 bis - 08030 Barcelona

Impreso en España - *Printed in Spain*

Para mi familia

Índice

Agradecimientos.. 11
Nota de una madre... 13

UNO ¡Oh Dios mío, tengo un bebé!............................. 17
¿Quiero ser madre? 19 ♦ No puedo esperar más para tener un hijo 20 ♦ ¿Y si no puedo quedarme embarazada? 21 ♦ Tener un hijo da miedo 23 ♦ ¿Me siento unida a mi bebé? 25 ♦ Si me encanta ser madre, ¿por qué estoy llorando todo el tiempo? 27 ♦ Nadie me habló de las pérdidas de leche 28 ♦ Me desconciertan mis emociones 31 ♦ Mi bebé no deja de llorar 34 ♦ No sabía que iba a sentirme tan sola 35 ♦ Necesito ayuda 36 ♦ Gracias a otras nuevas mamás 37

DOS No sé cómo ser madre..................................... 39
Pensaba que iba a ser una madre perfecta 41 ♦ ¿Qué tipo de madre quiero ser? 42 ♦ No sé si me siento aún como una madre 44 ♦ ¿Quién soy? 45 ♦ No reconozco mi cuerpo 47 ♦ Cuando me cuido me siento mejor 49 ♦ Estoy cambiando 52

TRES ¿Cómo puedo combinar mi identidad profesional con la maternidad?... 55
Trabajo fuera de casa 57 ♦ No sabía que la baja maternal acabaría tan pronto 59 ♦ No doy abasto 61 ♦ Soy yo la que está haciendo concesiones profesionales 63 ♦ Necesito a alguien que cuide bien a mi

hijo 66 ♦ Me he quedado en casa para estar con mi bebé 68 ♦ ¿Cómo me valoro como madre? 70 ♦ Quiero sentirme segura económicamente 72 ♦ ¿Se sienten culpables todas las madres? 74 ♦ Quiero trabajar de otro modo 76

CUATRO Tener un hijo ha cambiado la relación con mi marido.. 79

A mi marido le asustan los bebés 81 ♦ Ser padre ha cambiado a mi marido 82 ♦ ¿Es ésta la persona con la que me casé? 83 ♦ Discutimos más que antes 86 ♦ Mi marido se siente excluido 89 ♦ Tener hijos ha fortalecido nuestra relación 90 ♦ ¿Volveremos a tener relaciones sexuales? 91 ♦ Cuando buscamos tiempo para estar juntos nos sentimos más cerca 93 ♦ Seguiremos juntos cuando los niños se vayan 94

CINCO ¿Cómo se implicarán nuestros padres en nuestra nueva familia? 97

Ahora que tenemos hijos estamos más cerca de nuestros padres 99 ♦ Sigo necesitando a mis padres 100 ♦ Espero que mis padres se comporten de otro modo 102 ♦ Ahora tengo la aprobación de mis padres 104 ♦ Echo de menos a mi familia 105 ♦ Me siento como si ahora el adulto fuera yo 106 ♦ Veo a mi madre de otro modo 108 ♦ Es difícil ser mamá sin mi madre 109 ♦ Mis suegros están más unidos a la familia 111

SEIS ¿Cómo educamos a los niños y a las niñas?........... 113

Quiero una hija 115 ♦ Me encanta tener un hijo 116 ♦ Me alegro de tener un hijo y una hija 118 ♦ Las niñas y los niños son diferentes 119 ♦ Mi hija sólo va de rosa 120 ♦ La primera palabra de mi hijo fue «camión» 121 ♦ Mi hijo y mi hija no actúan de la misma manera 122 ♦ Quiero que mi hija sea fuerte 124 ♦ Espero que mi hijo sea comprensivo 126 ♦ Quiero que mis hijos sean felices 129

SIETE ¿Estamos preparados para tener más hijos? **131**
Estoy pensando en tener otro hijo 132 ◆ Estar embarazada no es tan divertido la segunda vez 134 ◆ Aunque ya tengo un hijo no me puedo quedar embarazada 135 ◆ ¿Cómo voy a querer tanto a mi segundo hijo? 137 ◆ Tener dos hijos da mucho trabajo 138 ◆ Mi hijo mayor está insoportable 140 ◆ Mi segundo hijo no es como el primero 141 ◆ Mi marido colabora más 143 ◆ Hemos decidido tener sólo un hijo 144 ◆ Quiero una gran familia 145 ◆ ¿Hemos «acabado»? 147

OCHO La maternidad es un viaje espiritual **149**
Dar a luz es como un milagro 151 ◆ No sabía que podía sentir tanto amor 152 ◆ Me siento afortunada 153 ◆ La maternidad es más satisfactoria de lo que pensaba 155 ◆ Ser madre es lo más difícil que he hecho en mi vida 157 ◆ Estoy aprendiendo a no controlarlo todo 158 ◆ Soy más tolerante 159 ◆ Tener hijos me permite vivir el momento presente 161 ◆ Mi fe es más profunda 162 ◆ Siento que necesito volver a la iglesia 164 ◆ Sigo teniendo dudas 166 ◆ Quiero celebrar el nacimiento de mi hijo 168 ◆ Disfruto más de las fiestas 170 ◆ Es importante establecer tradiciones familiares 171

NUEVE Tengo que crear mi propia comunidad **175**
Tengo algo en común con todas las madres 177 ◆ Necesito a otras madres 178 ◆ Estoy más involucrada en mi barrio 179 ◆ ¿Puedo crear una comunidad a través de Internet? 180 ◆ Estoy creando mi propia comunidad 182

Notas **185**
Acerca de la autora **189**

Agradecimientos

Un libro como éste es por definición una tarea colectiva. Mi más sincero agradecimiento a Tamara Traeder, Roy M. Carlisle y al resto del equipo de Wildcat Canyon que dieron «vida» a este proyecto. Sin su dedicación, sensibilidad y confianza este libro no habría sido posible.

También quisiera dar las gracias a las numerosas madres que compartieron conmigo sus historias e ideas sobre la maternidad; además de aprender mucho de ellas, su franqueza y sabiduría hicieron que trabajar en este proyecto fuera tan divertido. Gracias en particular a las fundadoras del Grupo de Madres Golden Gate, que crearon un grupo de apoyo para mí y cientos de madres de San Francisco. Y a mis fieles amigas y asesoras en cuestiones maternales, sobre todo a mi hermana, Kristin Bradach, que además de una madre y hermana estupenda es también una gran editora.

Por último quiero dar las gracias a mi marido, Bill, y a mis hijas, Elizabeth y Katherine, por su incondicional apoyo y buen humor durante este largo proyecto. Apenas se quejaron por las comidas de encargo o mi nivel de ansiedad cuando se acercaba el plazo de entrega. Les dedico este libro con amor.

Nota de una madre

*Me propuse redefinir
la maternidad de forma que
mis hijos fueran mi prioridad
sin olvidarme de mí misma.*

Este libro surgió como consecuencia de los cambios que experimenté al convertirme en mamá. Soy la orgullosa madre de las dos niñas más increíbles del mundo. Antes de que naciera mi primera hija me dediqué durante doce años a mis estudios y a mi carrera empresarial. Me consideraba una persona adulta, y creía que estaba preparada para ser madre. Al fin y al cabo era una mujer madura y competente, y estaba dispuesta a incorporar la maternidad a mi ajetrada vida sin renunciar a nada.

Luego, a los treinta y cuatro, tuve una hija. Para mi sorpresa, ser madre no era lo que yo imaginaba. Nunca había sentido tanta alegría y desequilibrio emocional al mismo tiempo. La maternidad era mucho más dura de lo que esperaba. Y no sólo porque no hubiera cambiado ningún pañal antes de tener mi propio bebé. Era difícil porque iba a mantenerme ocupada el resto de mi vida. Esta nueva tarea exigía toda mi atención. Quería ser una buena madre sin saber bien cómo hacerlo, sin haberme formado para ello.

Antes de eso, cuando tenía que realizar un trabajo o solucionar un problema sabía cómo afrontarlo. Pero como madre de una recién nacida no tenía la información necesaria. Además, mis capacidades lógicas e intelectuales no siempre funcionaban. Tener un bebé era mucho más imprevisible de lo que había imaginado. Estaba acostumbrada a hacer las cosas y seguir adelante. Sin embargo, con una niña pequeña, me daba por satisfecha con acabar el día como había empezado, con la niña tranquila durmiendo felizmente en su cuna.

El problema era que hasta entonces me había esforzado mucho para que me tomaran en serio como profesional, y no tenía ninguna intención de tener un bebé y convertirme en ama de casa. Y de repente me encontré criando a mi hija y ocupándome de las tareas domésticas. Aunque mi marido y yo decidimos afrontar la paternidad con el mismo grado de compromiso, me sorprendió el impacto desproporcionado que tuvo en mí el hecho de ser madre. Así pues, me propuse redefinir la maternidad de forma que mis hijos fueran mi prioridad sin olvidarme de mí misma. Como muchas mujeres que tienen hijos después de los treinta, sabía que éste era el trabajo más importante de mi vida. Por otro lado, para mí era (y es) importante tener actividades que me satisfagan fuera del entorno doméstico. Sigo necesitando estímulos intelectuales y sentirme realizada personalmente. En parte, he satisfecho esas necesidades escribiendo este libro sobre —y para— nuevas madres.

Mi lema siempre ha sido «Cuando tengas dudas, lee un libro», y eso es lo que hice entonces. Leí todo lo que cayó en mis manos sobre bebés, educación y paternidad. Pero había muchas cuestiones que me seguían preocupando. Hasta que no comencé a hablar con otras madres no descubrí que muchas mujeres estaban tan desorientadas como yo. Tenían las mismas dudas, ansiedades y culpabilidades que yo. También ellas querían mucho a sus hijos pero estaban resentidas por el esfuerzo que supone cuidar a un niño pequeño. Menudo alivio. No era un desastre como madre. El problema era que después de estar tantos años «controlado nuestras vidas» nos habíamos embarcado en algo completamente desconocido.

Entonces se me ocurrió la idea de crear una red de apoyo para nuevas madres. Descubrí que las madres de bebés viven en una especie de tierra de nadie, en la que no es fácil hacer amigas y conseguir apoyo. Mientras que los padres de niños en edad escolar cuentan con la infraestructura de la escuela, las madres de niños más pequeños tienen que buscar sus propias fuentes de información y compañía. Si hay organizaciones profesionales para cualquier otro trabajo, ¿por qué no para madres? Así pues, decidí fundar un grupo de madres en San Francisco, formado ahora por trescientas mujeres, que proporciona a las nuevas mamás un espacio para compartir información y apoyo. Y empecé a preguntarme:

¿Podrían las nuevas madres obtener los mismos beneficios de un libro?

Comencé a desarrollar esta idea poco antes de que mi primera hija cumpliera dos años. Empezaba a tener una vida más o menos normal, y mis horarios eran cada vez más previsibles. Quería tener otro hijo, pero no sabía en qué momento. Para cuando redacté el proyecto, encontré un editor y comencé con las entrevistas ya tenía a mi segunda hija. No hace falta decir que escribir un libro en esas condiciones fue un reto aún mayor.

La gente me pregunta qué me llevó a hacer algo así. En primer lugar lo consideraba necesario. A mí me habría encantado contar con un libro que presentara a mujeres reales hablando con sus propias voces de lo que significa ser una madre mayor. Además, ¿qué mejor momento para hacerlo que cuando estaba en medio de ese proceso? Es probable que tenga una perspectiva más amplia sobre el tema cuando mis hijas sean mayores, pero entonces no tendré el mismo deseo de averiguar cómo nos cambia la maternidad en esos primeros años.

Soy consciente de que encontrar tiempo para escribir sobre ser madre teniendo dos hijas es una paradoja. De hecho, muchos pensarán que acometer este proyecto con dos niñas pequeñas es una locura, y no les falta razón. Como cualquier madre, me planteé cuánto tiempo debía dedicar a mis hijas y a mis tareas creativas. Algunas veces pasaba semanas sin trabajar porque una de mis hijas, la canguro o la niña con la que iba a jugar se ponía enferma. Y entonces, frustrada, le decía a mi marido: «¡Si no tuviera hijos podría escribir mucho más sobre la maternidad!».

Pero perseveré porque me hubiera gustado tener un libro como éste cuando fui madre por primera vez. Siempre estaré agradecida a los «expertos» en educación que me proporcionaron la información necesaria para criar a mi hija, sobre todo en los primeros meses. Pero me reconfortaba mucho más hablar con otras madres. Al compartir con ellas historias y experiencias me sentía aliviada al comprobar que no estaba sola. No era la única mujer de treinta y cuatro años que temía introducir alimentos sólidos en la dieta de mi hija. No era la única persona con un título universitario que observaba en el parque a otras madres para determinar el protocolo de juegos. Y no era la única antigua directora desbordada por una niña de dos años a la hora de llevarla a la cama.

En las entrevistas que realicé oí historias conmovedoras y confesiones sinceras. Espero que este libro sea en cierta manera como una conversación con un grupo de buenas amigas; ya sabes, esas amigas especiales que valoran la eficacia de las pomadas para culitos irritados con la misma pasión con la que hablan de cómo compaginar el trabajo y la familia. Aunque siempre me he considerado capaz de hacer las cosas por mí misma, me di cuenta de que la maternidad no se puede afrontar en solitario. Y en parte escribí este libro para reconocer el carácter colectivo de esta tarea.

Los consejos y los datos técnicos se los dejo a los profesionales. Este libro trata de lo que significa para una mujer mayor convertirse en madre. Mientras lo estaba escribiendo la gente me preguntaba por los resultados de mi investigación. Siempre ha sido una pregunta difícil de responder, porque mi objetivo no era presentar una serie de conclusiones impecables. En ese sentido la maternidad es imprecisa. Cada mujer experimenta las cosas de un modo diferente y, sin embargo, tenemos mucho que aprender unas de otras. Quería reflejar las ideas y los sentimientos de un grupo de nuevas madres porque eso es lo que nos da una sensación de equilibrio y nos hace sentir que no estamos solas.

Aunque he cambiado los nombres de las mujeres que aparecen en este libro, sus historias, observaciones y sentimientos son auténticos. Las mujeres a las que entrevisté tenían por lo general más de treinta años, con estudios universitarios, y habían trabajado varios años antes de ser madres. Muchas continúan trabajando. La mayoría están casadas y tienen relaciones convencionales. Ni ellas ni sus hijos tienen problemas de salud. Su situación no es extraordinaria, pero están realizando un trabajo extraordinario como madres. Espero que las lectoras se beneficien de la experiencia y la sabiduría que comparten en estas páginas.

UNO

¡Oh Dios mío, tengo un bebé!

*No hay nada como
la paternidad inminente
para llenar la vida con los planes
más maravillosos. Y nada
como la llegada de un bebé
para consolidarlos.*
ADAIR LARA

La decisión de tener un hijo es trascendental. Es decidir para siempre que tu corazón va a girar en torno a tu bebé.
ELIZABETH STONE

Me considero una buena «planificadora», pero no estaba preparada para lo que sería mi vida después de ser madre. Mi previsible y pulcra rutina se fue al garete: los días se confundían con las noches, dormir de un tirón se convirtió en un recuerdo, y era incapaz de quitarme el pijama antes del mediodía (yo, que era famosa por mi puntualidad). Sin embargo, en los primeros meses de la vida de mi hija hubo períodos maravillosos. No podía creer que quisiera tanto a ese bebé. No podía creer que una criatura tan pequeña fuera tan exigente. No podía creer que mi propia madre hubiera pasado tres veces por esa experiencia. ¿Cómo había podido una mujer inteligente como yo meterse en esa situación?

Una de las cosas más curiosas de ser madre primeriza fue que, con treinta y cuatro años, me sentía como si partiera de cero. Después de pasar tanto tiempo demostrando que era una mujer competente, de repente me di cuenta de que mis recursos profesionales eran irrelevantes. Hasta entonces me había movido por el mundo usando mi cerebro, mi lógica y mi capacidad de comunicación. Como madre de una recién nacida tenía que confiar en mi cuerpo, mi corazón y mi intuición, que no siempre estaban a la altura de las circunstancias. Me refiero a la confusión emocional. En un momento pensaba: «Esto es fantástico. ¿Por qué he tardado tanto en ser madre?». Y al siguiente minuto me preguntaba: «¿Por qué quería tener otro hijo?».

¿Quiero ser madre?

Algunas amigas mías se casaron y tuvieron hijos muy pronto, y a mí me sorprendía que quisieran hacer algo así.

Para la mayoría de las que hemos tenido hijos después de los treinta, ser madre era una de las muchas cosas que esperábamos hacer en la vida. Mientras que las mujeres de otras generaciones tenían hijos por obligación o por necesidad económica, nosotras no nos sentíamos presionadas a tener un heredero o a proporcionar mano de obra para trabajar en el campo. De hecho, al crecer bajo la influencia del movimiento feminista, también aspirábamos a tener estudios, independencia económica, éxito profesional y desarrollo personal. ¿Entonces por qué el 90 por ciento de las americanas tienen un hijo[1] en algún momento de su vida? Nos convertimos en madres porque creemos que formar una familia nos dará alegría, placer y una profunda satisfacción.

No todas podemos precisar cuándo supimos que queríamos tener hijos. Aunque algunas, como Rosemary, que tuvo su primer hijo a los treinta y un años, siempre supo que quería ser madre: «Desde que era pequeña sabía que quería tener hijos, y no hubo nada en mi vida que cambiara esa idea. En parte se debía a que tenía muchos primos, y me encantaba pasar el tiempo con ellos. Para mí estar en familia era lo más divertido del mundo. Naturalmente, también quería tener una carrera, pero nunca me preocupó cómo iba a hacer ambas cosas».

Sin embargo, muchas nos dedicamos a nuestra vida profesional antes de ser madres. Carol, que tenía treinta y ocho años cuando tuvo a su hijo, dice: «No estaba en contra de que la gente tuviera hijos, pero en los años setenta se tendía a hacer una exploración personal y a conformar antes las ideas y el mundo creativo. Soy artista, y ninguna artista famosa ha tenido éxito en su matrimonio ni ha centrado su vida en otras personas. Algunas amigas mías se casaron y tuvieron hijos muy pronto, y a mí me sorprendía que quisieran hacer algo así. Me parecía una traición a nuestro compromiso social. Sé que esas mujeres sufrieron porque sus compañeras no las valoraban. Las que hemos sentido más tarde la llamada del reloj biológico comprendemos lo que tuvieron que pasar».

La mayoría de las mujeres toman la decisión de tener hijos con una pareja. En el caso de Janet, conocer al hombre adecuado la animó a quedarse embarazada y le ayudó a vencer sus dudas para formar una familia: «¿Cuándo decidí ser madre? Nunca me entusiasmó la idea, hasta que conocí a mi marido. Creí que sería un buen padre, un compañero capaz e igualitario. Antes de tener a mi hijo era consciente de que la mayor parte de la responsabilidad del cuidado de los hijos suele recaer en la madre, y no quería que nos ocurriera eso automáticamente. Si nos ha ido bien es en gran medida porque hemos compartido esa responsabilidad».

Por supuesto, no siempre tenemos la opción de decidir cuándo vamos a tener un hijo. Laura afirma que su primer embarazo a los treinta y dos años fue toda una sorpresa, y que ella y su marido tuvieron que aceptar que iban a tener un hijo antes de haber alcanzado sus objetivos personales y profesionales: «Cuando le dije a mi marido que estaba embarazada no dio saltos de alegría. Pensaba que no estábamos preparados económicamente para tener un bebé. Quería que todo fuese perfecto, y aún no había llegado en su carrera al nivel que consideraba adecuado. Además, tener un hijo suponía renunciar a la libertad que teníamos. Yo creo que los nueve meses de embarazo son buenos porque te dan tiempo para prepararte».

No puedo esperar más para tener un hijo

La mayoría de las mujeres sabemos de forma intuitiva cuándo estamos preparadas para asumir la maternidad.

Aunque la llamada del reloj biológico es un cliché muy trillado, lo cierto es que cuando pasamos la barrera de los treinta la edad influye en nuestra decisión de quedarnos embarazadas y tener un hijo. Con un buen matrimonio, unos amigos leales y un trabajo interesante, puede que no nos apetezca ser madres aún, pero llega un momento en el que no podemos retrasar más la decisión. Es un impulso que nos asalta de repente, provocado por un suceso que nos hace sentirnos más seguras (un ascenso en el trabajo) o vulnerables (llegar a cierta edad).² Entonces nos damos cuenta de que no queremos perdernos esa oportunidad por esperar demasiado.

La mayoría de las mujeres sabemos de forma intuitiva cuándo estamos preparadas para asumir la maternidad. Pam dice: «No sé cómo describirlo. A los treinta comencé a tener instintos maternales». Y Betsy comenta: «Desde que puedo recordar quería ser madre. Sabía que tener hijos sería lo más importante que me ocurriría en la vida. Pero cuando estuve en la universidad y en los años siguientes no pensé mucho en ello. Sin embargo, poco antes de los treinta empecé a sentir la necesidad de quedarme embarazada. Tuve a mi primer hijo con treinta y dos años».

Algunas sienten la presión de tener hijos a pesar de que las circunstancias no son las ideales para formar una familia. Gina, que tiene un hijo de tres años, dice: «Siempre me han gustado los niños, y quería ser madre. Cuando acabé mis estudios decidí dedicarme a mi profesión, y no me interesaba casarme porque quería trabajar. Suponía que alrededor de los treinta me habría asentado y tendría hijos. Pero a medida que pasaba el tiempo, sin tener ninguna relación, comencé a desesperarme, y pensaba: ¿Qué puedo hacer? ¿Salir con hombres?

»Así pues, a los treinta y seis años intenté quedarme embarazada a pesar de estar soltera. Era una decisión difícil, que me asustaba mucho. No lo logré, pero al llegar hasta ese límite me di cuenta de lo importante que era para mí ser madre. Al recordarlo me alegro de no haberme quedado embarazada entonces. Habría sido muy duro emocionalmente. Poco después conocí a mi marido y ahora tenemos un hijo maravilloso.»

¿Y si no puedo quedarme embarazada?

Aunque las causas no están siempre claras, el hecho es que con la edad nuestra fertilidad disminuye.

Es irónico que nos pasemos la vida evitando quedarnos embarazadas y que cuando queremos tener un hijo no podamos. De hecho, el 20 por ciento de las parejas que desean ser padres tienen problemas de infertilidad.³ Aunque las causas no están siempre claras, el hecho es que con la edad nuestra fertilidad disminuye. Siempre hemos dado por supuesto que somos capaces de tener hijos, y de repente nos encontramos en una situación que apenas podemos controlar. La sensación de impotencia aumenta nuestra frustración, y nos preguntamos si eso significa que no estamos destinadas a ser madres. Sin embargo, con el tiempo y un tratamiento médico adecuado, muchas mujeres que tienen problemas para quedarse embarazadas acaban teniendo hijos sanos.

Normalmente, las que tienen más dificultades para tener hijos disfrutan más del embarazo y el parto. Jenny, que tiene un hijo de seis meses, describe así su situación: «Siempre quise ser madre. Durante la adolescencia trabajé como canguro mucho más que mis amigas, y cogí mucho cariño a un par de niños a los que solía cuidar. A los veintitantos comencé a trabajar como voluntaria en un centro de acogida para madres e hijos. Decidí ser madre a los treinta y tres (no sé qué tenía de especial esa cifra). Pero tardé casi tres años en quedarme embarazada, y cuanto más me costaba más me entristecía. Empezaba a pensar que nunca lo lograría. Tras dos años de tratamientos de fertilidad me sometí a una fertilización in vitro, y tuvimos suerte. Mi hijo nació el verano pasado, y estamos encantados con él».

En algunos casos, la incapacidad de tener un hijo propio nos lleva a plantearnos la adopción. Entonces tenemos que renunciar a la búsqueda de la familia «ideal» y revisar nuestros objetivos y prioridades bajo una nueva perspectiva. Tenemos que superar nuestros sentimientos de fracaso, rabia o dolor por ser incapaces de tener un hijo biológico antes de embarcarnos en la experiencia emocional de una adopción. Y cuando llega el bebé podemos tener sentimientos contradictorios respecto a él. Como madres adoptivas podemos tener los mismos problemas logísticos y fisiológicos que las madres biológicas, sin los nueve meses de preparación del embarazo. Sin embargo, hay innumerables historias de adopciones satisfactorias, y muchas mujeres llegan a pensar que su destino era tener hijos adoptivos.

No obstante, el proceso de adopción puede minar nuestro deseo de ser madres. Deborah dice: «Siempre quise tener hijos. Pero cuando intenté quedarme embarazada a los treinta y ocho años resultó que no podía. Me quedé desconsolada. Después de someterme a tratamientos de fertilidad durante varios años comencé a considerar la adopción. Fue muy curioso, porque a lo largo del proceso mi determinación empezó a debilitarse. No sé si era por el dolor o el miedo. Puede que me estuviera preparando para que no ocurriera. El caso es que durante ese año nunca tuve claro que ser madre fuera lo más adecuado para mí, no tanto como desde que era una niña. Ahora que tengo a mi hijo me sigue pareciendo asombroso que nos tengamos el uno al otro. La tristeza y el dolor han desaparecido, porque estoy convencida de que si mi vida hubiera sido diferente no estaría ahora con este niño».

Tener un hijo da miedo

*Lo más importante respecto a los temores maternales
es reconocer que son normales.*

No hay nada más excitante y más aterrador a la vez que ser madre. Es increíble que haya tantas cosas que puedan preocuparnos como padres. El hecho de traer una nueva vida al mundo es impresionante, y conlleva una gran responsabilidad. Por si esto fuera poco, ser madre es una de las pocas decisiones irreversibles de nuestra vida. Cualquier persona en su sano juicio estaría asustada. Pero debemos recordar que es normal que sintamos ansiedad al embarcarnos en esta experiencia, y que a pesar de tener miedo (no del todo infundado) podemos ser buenas madres.

Lo extraordinario de la maternidad es que no es necesario tener un hijo para que aparezcan los temores. La mayoría comenzamos a preocuparnos por nuestros bebés durante el embarazo. Joanne, que tiene dos hijos, dice: «En el embarazo empecé a temer que ocurriría algo terrible: un aborto, una malformación. Si pasaba mucho tiempo sin sentir ningún movimiento o dejaba de tener náuseas llamaba a mi ginecólogo para que me tranquilizara».

Muchas hemos pasado la mayor parte de nuestra vida estudiando o trabajando, alejadas del mundo maternal, y no sabemos cómo será eso de ser madre y cuidar a un niño. Megan habla de sus temores respecto a la maternidad: «No me daba miedo el parto, pero estaba muy ansiosa por ser madre. Me parecía todo tan agobiante que empecé a preocuparme por cosas absurdas. Por ejemplo, me preguntaba si sería capaz de decidir qué debería poner a mi bebé. Mientras doblaba y volvía a doblar esas ropitas verdes y amarillas que compras cuando no sabes el sexo de tu hijo me preguntaba: "¿Cómo se sabe si un niño tiene frío o calor y qué debe llevar?"».

Por otro lado están los temores económicos. En Estados Unidos se estima que criar a un hijo a lo largo de toda su vida cuesta unos trescientos cincuenta mil dólares.[4] Carla, madre de un recién nacido, dice: «Me preocupa el dinero, en parte porque no sé cuánto me costará criar a mi hijo. Aún no he decidido qué voy a hacer con el trabajo ahora que tengo un bebé, así que no sé cuánto ganaré. Me gustaría tomarme un tiempo para cuidar a mi hijo sin tener que trabajar. Nuestra situación económica no es muy boyante, pero esperamos arreglarnos organizándonos y ahorrando todo lo posible».

También nos preocupa cómo vamos a compaginar nuestro nuevo papel con nuestra vida profesional. Muchas nos planteamos si seremos capaces de continuar con nuestra carrera y ser el tipo de madres que queremos ser. Kelly dice: «Una de las cosas que más miedo me daba era perder mi independencia y mi identidad. Me apetecía ir más allá del ámbito profesional para ser madre, pero al mismo tiempo me sentía muy insegura».

Luego está el temor que sienten los nuevos padres cuando abandonan la planta de maternidad y se quedan solos con su bebé. Judy, que tiene un hijo de cuatro meses, comenta: «Nos daba muchísimo miedo ponerle en la silla del coche para traerle a casa desde el hospital. Era un niño normal, de más de tres kilos, pero parecía muy pequeño. Nos aterraba pensar que podíamos ser los primeros padres del mundo cuyo hijo muriera de camino a casa».

Lo más importante respecto a los temores maternales es reconocer que son normales. Debemos tener en cuenta que durante el embarazo y el posparto se alteran todos los aspectos de nuestra vida. Es natural que nos sintamos asustadas con tantos cambios. T. Berry Brazelton considera estas ansiedades «signos normales de preocupación». Afirma que nuestros temores son «adaptativos», y que nos ayudan a reorganizar nuestra vida para los cambios que debemos afrontar.[5] Ser madre consiste en equilibrar los temores reales que deben ser atendidos y los que podemos desechar porque no nos resultan útiles en nuestra nueva vida.

¿Me siento unida a mi bebé?

Nuestros sentimientos hacia nuestros hijos recién nacidos son tan diversos como nosotras.

El vínculo emocional que se establece entre una madre y su hijo recién nacido es un proceso muy importante. De hecho, algunos estudios han demostrado que en las primeras horas después de nacer los bebés están alerta, y que las madres y los niños tienen una sensibilidad especial.[6] A la vista de estos resultados, muchos hospitales han adoptado procedimientos en la planta de maternidad para facilitar este primer contacto. Y una de las ventajas de dar a luz en casa es que hay menos interferencias en dicho proceso.

Sin embargo, que esto sea deseable no significa que siempre ocurra de forma instantánea. Aunque algunas esperamos que suceda en cuanto vemos a nuestro bebé, lo que sentimos es indiferencia o alivio. Y cuando hay riesgos de salud para la madre o el recién nacido, la separación física impide que el contacto sea inmediato. Aunque se da mucha importancia a este vínculo emocional, en un estudio se comprobó que mientras que el 40 por ciento de las nuevas mamás se sintieron unidas a sus hijos inmediatamente, otro 40 por ciento afirmó que su reacción inicial fue de indiferencia. (Sin embargo, la mayoría de las madres del estudio desarrollaron una relación afectiva con sus bebés en la primera semana.[7])

Nuestros sentimientos hacia nuestros hijos recién nacidos son tan diversos como nosotras. Sea cual sea nuestra reacción, depende de cómo haya sido el parto, si nos han dado anestesia o medicación, qué sentimos por los niños en general y cómo es la relación con nuestro marido, por no hablar de nuestra personalidad y estado de salud.[8] El hecho es que al dar a luz podemos sentir una gran variedad de emociones: alegría, temor, alivio y a veces incluso decepción. En cualquier caso, todos estos sentimientos son normales y aceptables.

Algunas nos sentimos unidas a nuestros hijos porque comenzamos a conocerles durante el embarazo. Pam dice: «Me sentí como una madre desde el principio. Cuando estaba embarazada mi hijo era un bebé muy activo. Sentía que se comunicaba conmigo incluso antes de nacer».

El afecto y el cariño que sentimos por nuestros hijos puede ser inmediato. Joanne dice: «Cuando vi a mi hijo me pareció que ya le conocía. Era exactamente como había imaginado. Sentí una inmensa alegría y un gran alivio. Estaba allí, y era un niño sano. Lo habíamos conseguido juntos». Jenny y su marido se sometieron a una fertilización in vitro para tener a su hija. Así es como recuerda su experiencia: «No puedo explicar cómo me sentí cuando nació mi hija. Totalmente eufórica. Mi madre dice que cuando la llamé a las cuatro de la mañana para darle la noticia parecía que estaba en las rebajas de Chanel y que era la única compradora».

A otras les sorprende que no se enamoren de sus hijos inmediatamente. Pero antes de poder centrarnos en nuestros bebés necesitamos recuperarnos físicamente. Las madres que tienen partos difíciles sienten alivio al saber que sus hijos están sanos, pero se encuentran demasiado cansadas para sentirse unidas a ellos. Los estudios demuestran que cuanto más difícil es el parto de una mujer menos posibilidades tiene de sentir un apego inmediato por su bebé.[9] La experiencia de Grace no es inusual: «Di a luz sin anestesia. Estaba tan agotada que cuando todo terminó sólo quería descansar. Me alegraba de que todo hubiese ido bien, pero necesitaba recuperar fuerzas antes de sentirme unida a nadie. Por supuesto, cuando me trajeron a mi hija después de haber dormido unas horas estaba tan fascinada que no podía apartar los ojos de ella, aunque no acababa de creer que fuera mía».

Esto es lo que recuerda Wendy: «Me hicieron una cesárea. Estuve empujando durante dos horas y media, pero mi hija no salía y su ritmo cardíaco era cada vez más bajo. Estaba agotada y muy asustada. Entonces me trasladaron al quirófano, y cuando nació la niña se la llevaron rápidamente para examinarla. No me la dieron. Querían asegurarse de que estaba bien, pero tardaron cinco minutos en comprobarlo. Así que más que cariño sentí alivio por que estuviera sana. Cuando la cogí en mis brazos, mientras me estaban grabando en vídeo, dije: ¿Qué voy a hacer ahora con ella?».

Muchas madres sienten un intensa conexión física con sus hijos de forma inmediata, pero no desarrollan un vínculo emocional hasta que son un poco más mayores. Heather, que tiene una hija de tres meses, se sintió unida a ella enseguida, pero dice que en las primeras semanas ese vínculo no era muy sólido: «Cuando mi hija nació la comadrona tuvo que recordarme que abriera los ojos y la mirara para poder dármela. En cuanto la cogí sentí una sensación de apego que duró todo el tiempo que estuve en el hospital. Pero al volver a casa a veces tenía la impresión de que lo que nos unía era muy frágil. Algunas veces pensaba que tener un bebé era insoportable, y eso hacía que me sintiera culpable y muy mal conmigo misma como madre. Pero con el tiempo hemos aprendido a querernos».

En la mayoría de los casos el parto es una experiencia determinante. Para dar a luz hace falta mucha concentración. Cómo nos sentimos cuando todo termina al ver a nuestro bebé depende de muchos factores, y no se puede predecir. Como señala la pediatra T. Berry Brazelton, podemos sentir amor a primera vista o desarrollarlo de forma gradual, pero todas podemos establecer un vínculo emocional sano y duradero con nuestros hijos.[10]

Si me encanta ser madre, ¿por qué estoy llorando todo el tiempo?

La depresión posparto se atribuye en gran medida a los cambios hormonales que experimenta nuestro cuerpo después del parto cuando empezamos a producir leche.

Cuando somos madres se alteran todos los aspectos de nuestra vida. Es imposible tener al mismo tiempo tantas emociones, normalmente inesperadas y contradictorias. Pasamos de la alegría al llanto en cuestión de segundos varias veces al día. Y muchas nos sentimos especialmente tristes cuando comenzamos a tener leche. Este estado de melancolía, conocido como «depresión posparto», puede aparecer en cualquier momento durante las dos primeras semanas después de dar a luz, y afecta al 90 por ciento de las mujeres.[11] La depresión posparto se atribuye en gran medida a los cambios hormonales que experimenta nuestro cuerpo después del parto cuando empezamos a producir leche. Por si la falta de sueño no fuera suficiente, estos cambios hormonales pueden hacer que estemos mucho más sensibles. (No sólo como consecuencia de los cambios físicos, las madres adoptivas también pueden sentirse deprimidas al tener que adaptarse de repente a su nueva familia.)

La melancolía puede asaltarnos cuando nos encontramos solas con nuestros hijos. Tina, que tiene un bebé de ocho semanas, recuerda lo contenta que estaba cuando su familia fue al hospital para acompañarla en el parto, y cómo se derrumbó cuando se marcharon: «Para mí el parto fue como una fiesta. Estaba encantada de la vida. Mi hijo nació un jueves, y la gente fue desapareciendo poco a poco. Luego, el lunes se fue mi madre y mi marido tuvo que volver a trabajar, y entonces empecé a llorar. Lloraba por cualquier motivo. Estuve llorando doce horas seguidas. Aunque me sentía feliz no podía dejar de llorar».

Como sabemos muchas de primera mano, los cambios de humor incontrolables suelen coincidir con la llegada de la leche. Kathleen, que tiene dos hijos, dice: «Cuando comencé a tener leche experimenté una intensa conmoción hormonal. Lo que mejor recuerdo de ese día es que estaba en la sala llorando con los pezones llenos de leche mientras le decía a mi marido que no iba a ser capaz de alimentar a nuestra hija. (Aunque era una idea noble, creo que deberíamos olvidarnos del asunto.) Quién me iba a decir que unas horas después estaría encantada contemplando su carita redonda y tarareando *I'm in Heaven*».

Nadie me habló de las pérdidas de leche

A pesar de sus ventajas, nadie habla de los inconvenientes de la lactancia materna.

Nuestras primeras experiencias como madres se centran básicamente en alimentar a nuestro bebé. Nuestra principal misión es asegurarnos de que crezca bien, y nos pasamos el día pendientes de sus horarios de comidas. Teniendo en cuenta los beneficios físicos y emocionales de la lactancia materna, muchas decidimos dar el pecho a nuestros hijos. De hecho, más del 80 por ciento de las mujeres con estudios universitarios amamantan a sus bebés.[12] Para muchas, dar el pecho es una experiencia única. Es algo que nadie más puede hacer por nosotras. Y cuando controlamos la situación no hay nada como dar el pecho a nuestro hijo para sentirnos maternales y poderosas.

LeeAnn habla del placer que sentía al amamantar a su hija: «Me encantaba. Para mí fue una experiencia sublime. Era la continuación del proceso de dar a luz: tener a tu hija y verla crecer sabiendo que le estás ayudando a crecer sana. Tengo unos recuerdos maravillosos y un profundo sentimiento de satisfacción y cercanía. Me sentía necesitada, y yo satisfacía una necesidad esencial para ella. Y esa cercanía era algo exclusivo entre las dos. Cuando dejé de darle el pecho me sentí como si hubiera perdido mi estatus especial y fuera como cualquier otra persona».

A pesar de sus ventajas, nadie habla de los inconvenientes de la lactancia materna. Heather, que tiene una hija de tres meses, dice que no estaba preparada para ese engorro: «Me alegro de estar amamantando a mi bebé. Me encanta darle pecho, pero nadie me habló de las pérdidas de leche. Supongo que soy una buena productora, porque pierdo leche a todas horas. He manchado todas mis camisas». Pero también habla de la intimidad de la lactancia materna: «Mi hija sigue despertándose dos o tres veces por la noche para comer, así que procuro disfrutar de la privacidad que tenemos en la oscuridad de la noche. Me encanta cómo se acurruca en mis brazos después de cada toma antes de dormirse de nuevo. Sé que esto no va a durar para siempre, así que intento saborear esos momentos».

Aunque soñemos con amamantar a nuestros hijos tranquilamente sentadas en una mecedora, dar pecho a un recién nacido no es siempre tan fácil. Requiere perseverancia y dedicación. En algunos casos, tanto la madre como el bebé necesitan que les enseñen a hacerlo. Y aunque en muchas zonas del país existen recursos para ayudar a las nuevas mamás, al principio puede resultar frustrante y doloroso.

Nuestros sentimientos de ineptitud se pueden agravar si consideramos que dar el pecho debería ser algo sencillo y natural. Betsy habla de sus esfuerzos para amamantar a su bebé: «Mi hijo nació con dos semanas de antelación, y se pasaba el día durmiendo. No había forma de despertarle. (Mientras tanto, yo tenía los pechos cada vez más hinchados y doloridos. Tenía tanta leche en las glándulas de los brazos que no podía pegarlos al cuerpo.) Y cuando se despertaba era incapaz de coger el pecho, así que lloraba desconsoladamente. Al cabo de cinco días, cuando estaba ya al límite, alguien me sugirió que usara un sacaleches. Mi marido encontró una tienda de suministros médicos y vino a casa con un sacaleches eléctrico con el que solucionamos el problema. A pesar de todo, estaba decidida a dar el pecho a mi hijo. Me parecía una de las pautas más básicas e importantes de la naturaleza, y no iba a fallar en eso».

Las madres de gemelos tienen especiales dificultades para mantener satisfechos a dos bebés hambrientos. Heidi, de treinta y seis años, habla de las primeras tomas de sus hijos, que ahora tienen cinco meses: «Al principio les daba pecho a los dos a la vez. Me sentía como una vaca. A las tres semanas comencé a amamantarles por separado. Desde el primer día tomaban también biberón, pero me parecía que estaba dándoles pecho continuamente. Cuando acababa con ellos intentaba dormir o comer un poco, pero enseguida tenía que darles de mamar de nuevo».

Otras intentan dar el pecho pero lo dejan cuando sienten molestias o les preocupa que el niño no esté bien alimentado. Laura comenta: «Para mí dar el pecho era un engorro, y muy doloroso. No producía suficiente leche porque estaba agotada y no tenía ninguna ayuda. Como no comía lo suficiente se me empezó a secar la leche, así que pasamos a los biberones. Intenté dar el pecho a mi hijo porque creía que era lo mejor, pero resultó que no era lo más adecuado para nosotros».

Algunas madres toman la decisión de dar biberón a sus hijos antes de que nazcan. Amy, que trabaja en el campo sanitario, tuvo a su hija con treinta y ocho años. Ella siempre lo tuvo claro: «No me interesaba dar el pecho. Supe desde el principio que no iba a amamantar a mi hija, y para mí fue una decisión fabulosa. Soy de esas personas que no funcionan si no duermen lo suficiente. Iba a volver a trabajar en ocho semanas, y tenía que ser capaz de hacer mi trabajo. Con los biberones me podían ayudar otras personas. Todo ha ido bien; mi hija es una niña sana y feliz».

Aunque los beneficios de la lactancia materna son indiscutibles, la decisión de dar el pecho o biberón depende en última instancia de cada una de nosotras. Debemos estar seguras de nuestras decisiones y rodearnos de gente que las apoye. En muchos casos dar el pecho no es fácil, y tanto la madre como el bebé necesitan que les enseñen a hacerlo. Si es necesario debemos pedir ayuda –a una enfermera en el hospital, a un especialista en lactancia o a otra madre–, y no sentirnos «malas madres» si nos resulta difícil dar el pecho o decidimos que no nos conviene.

Me desconciertan mis emociones

*El posparto se caracteriza por la fatiga, las tomas
y la crispación nerviosa.*

En el ámbito médico el posparto dura oficialmente de seis a ocho semanas. Durante ese período nos recobramos del parto y nuestro útero recupera el tamaño que tenía antes del embarazo.[13] (A efectos de trabajo el posparto tiene una duración de tres meses. Desde 1993, las leyes laborales americanas obligan a las empresas a conceder a las mujeres tres meses de baja después de tener o adoptar un hijo.)

En cualquier caso, el posparto se caracteriza por la fatiga, las tomas y la crispación nerviosa. Nos abruma el intenso amor que sentimos por nuestro bebé y las tareas nada glamurosas que tenemos que realizar para cuidarle. Julia dice: «Recuerdo que una amiga me dijo que los primeros meses eran terribles. Tienes que adaptarte a un montón de cosas. Y cuando te toca no te das cuenta de lo duro que es hasta que se acaba». Kathleen lo describe de este modo: «Nadie te puede preparar para lo que te espera después de tener un hijo. Mi vida cambió por completo. El concepto de simbiosis se alteró cuando me di cuenta de que mi hijo y yo no podíamos satisfacer nuestras necesidades al mismo tiempo; mi ducha tenía que esperar hasta el día siguiente. Lo más increíble era que me sentía extasiada en medio de aquel caos. Un día le dije a un amiga que estaba embarazada que aunque el bebé había arruinado nuestra vida éramos muy felices».

Muchas mujeres no estamos muy seguras de nuestra capacidad como madres y nos da miedo hacer algo perjudicial para nuestro bebé. Lucy, que tiene un hijo de trece meses, recuerda: «Con tres semanas el gran acontecimiento era cambiarle el pañal, sobre todo por la noche. Cuando mi marido y yo nos despertábamos decíamos: "Dios mío, hay que cambiarle". Y nos levantábamos los dos para hacerlo. "Tú arriba y yo abajo." El que estaba arriba le consolaba mientras el otro intentaba cambiarle el pañal rápidamente. Nos sentíamos muy inseguros».

Se ha comprobado que los bebés son más sensibles a los estímulos externos y lloran más a partir de la tercera semana.[14] Por desgracia, esto suele ocurrir cuando las ayudas se han marchado y la falta de sueño comienza a pasar factura. Megan, que tiene un hijo de un año, dice: «Las primeras semanas fueron maravillosas. Nuestro hijo dormía mucho; era un encanto; todo el mundo le quería; vino toda la familia a verle; mi marido pasó una semana en casa; mis amigas me traían comida; la casa estaba limpia; recibimos un montón de regalos. Llegaron los recordatorios y comencé a enviarlos. Luego mi marido volvió a trabajar, y de repente mi hijo empezó a llorar y a estar despierto a todas horas. Yo estaba siempre cansada, y la casa parecía un gallinero. Me sentía como si no controlara mi vida. Una amiga que tenía un hijo un año mayor que el mío me dio un gran consejo: "Aunque le quieras con locura es normal que te saque de quicio que esté llorando durante horas". Me tranquilizó mucho saber que otros padres se sentían del mismo modo respecto a la paternidad».

A medida que pasa el tiempo y se desvanece la euforia inicial comenzamos a darnos cuenta de que tenemos una responsabilidad enorme para toda la vida. Sobre todo a las madres mayores nos resulta difícil reconciliar nuestras necesidades personales con las exigencias insaciables de un bebé. Jocelyn, diseñadora gráfica de treinta y seis años que trabajaba de forma independiente antes de tener a su hijo, afirma: «Tenía que salir de casa para ser yo misma. Estaba tan acostumbrada a ser libre que de repente me agobiaba tener a alguien pegado a mí a todas horas. Eso era lo más asombroso. Me casé tarde y era una persona muy independiente, incluso en mi matrimonio. Mi marido y yo viajábamos mucho y hacíamos muchas cosas por separado. Alguien me dijo que al tener un hijo se necesita mucha ayuda, pero no es del todo cierto. Da igual cuánta ayuda tengas, porque tienes una responsabilidad que nunca va a desaparecer».

Como el 25 por ciento de las madres primerizas,[15] Virginia sufrió una depresión posparto. Dice que le sorprendían sus emociones porque nadie le había hablado de esos sentimientos negativos antes de que su hijo naciera: «Me sentía bien con mi bebé, pero era incapaz de controlar nada más. Estaba acostumbrada a ocuparme de muchas cosas al mismo tiempo, y ya no lo podía hacer. Un día que salí a hacer unos recados pensé: "No quiero volver a casa. Lo que quiero es escaparme". No sabía nada de la depresión posparto, y me preocupaba mucho sentirme así. Cuando me dieron el diagnóstico me negué a tomar medicación porque quería dar pecho a mi hijo. Con la ayuda de mi marido y un terapeuta especializado en depresiones posparto lo superé, pero fue muy duro».

Entre la sexta y la octava semana, cuando creemos que vamos a derrumbarnos, el bebé empieza a reaccionar. Mientras sonríe, nos mira y nos sigue con la vista nos quedamos embobadas y comenzamos a sentirnos más seguras como madres.[16] Betsy describe así esta transición: «Mi hijo lloraba como un loco sin ningún motivo aparente. Podía estar berreando entre cinco minutos y dos hora en cualquier momento del día. Mientras paseaba con él en mitad de la noche, los dos llorando, me sentía como si hubiera cometido el mayor error de mi vida. ¿Por qué había decidido tener un hijo? ¿Por qué creía que iba a ser maravilloso? Quería volver a lo de antes, controlar mi vida de nuevo. Por la noche ya no controlaba nada. Era ese pequeño monstruo el que controlaba todos los aspectos de mi vida».

Afortunadamente, los niños cambian mucho en muy poco tiempo. Betsy añade: «Las primeras seis semanas estaba ansiosa por volver a trabajar. Llamaba a la oficina, soñaba con el trabajo, no pensaba en otra cosa. No podía salir de casa porque me daba miedo que mi hijo empezara a llorar y no supiera qué hacer. ¿Dónde estaban esos instintos maternales que se suponía que debía tener? Pero al cabo de seis semanas mi hijo me sonrió y me dejó cautivada. A los tres meses se asentó y se convirtió en un niño totalmente distinto. Era el bebé más precioso del mundo, y nos queríamos con locura».

Mi bebé no deja de llorar

Los cólicos suelen influir en cómo nos sentimos como madres.

A todos los nuevos padres les aterran los temidos cólicos. Aunque se calcula que los padecen uno de cada cinco bebés, nadie sabe a ciencia cierta qué los provoca, y por lo tanto son imposibles de tratar.[17] Para la madre de un bebé con cólicos los altibajos del posparto son mucho más intensos. Ninguna mujer está prepararada para el estrés que conlleva la agobiante tarea de cuidar a una criatura inconsolable. Carol, que tiene un hijo de ocho meses, describe así cómo es la vida con un niño que sufre cólicos: «No sabía nada de bebés. Llamamos a una enfermera, y en cuanto le vio se dio cuenta de que era un niño muy nervioso. Me miró y me dijo: "Lo vas a tener difícil". Lloraba entre seis y ocho horas al día. Pasearle no servía de nada. Ni siquiera podía sacarle a la calle, porque lloraba todo el tiempo. La gente pensaría que le maltrataba. Aún sigue llorando más tiempo y con más fuerza que la mayoría de los niños».

Por mucho que queramos, los cólicos no se pueden controlar. Carol prosigue: «Fue la experiencia más dura de mi vida. Soy una persona práctica, y siempre he buscado la manera de resolver los problemas. Pero en aquella situación no funcionaba esa estrategia. Era demencial. He intentado olvidarlo, porque no quiero pensar en ello. Sin embargo mis amigas me reconfortaron mucho. Sabían que lo estaba pasando mal, y me confesaron que también ellas habían tenido dificultades con sus hijos».

Los cólicos suelen influir en cómo nos sentimos como madres. Antonia habla de lo que sufrió con su primer hijo: «Mi bebé tenía muchos cólicos, así que mis primeras experiencias como madre fueron terribles. Los primeros tres meses fueron espantosos. No tenía nada que ver con lo que había imaginado: yo con un bonito camisón blanco mirando a mi bebé a los ojos. Tenía un pediatra horrible que me decía: "Tienes que querer más a tu hijo". Naturalmente, decidí cambiar de pediatra. El segundo me dio un consejo mucho mejor: que me cuidara a mí misma».

No sabía que iba a sentirme tan sola

*Nos encanta ser madres, pero ¿cómo vamos a contarle
lo que hemos hecho durante el día a una compañera que no tiene hijos?*

Todas las madres primerizas se sienten a veces solas durante el posparto. Esta soledad puede ser especialmente dura para las madres mayores, porque pensábamos que teníamos una sólida red de relaciones sociales. Pero debemos tener en cuenta que muchas vivimos lejos de nuestra familia y de nuestros amigos. Apenas conocemos a nuestros vecinos. La mayoría de los padres vuelven a trabajar poco después de que nazca el bebé. Y la vida social que teníamos en el trabajo no sirve de mucho en esos casos. Nos encanta ser madres, pero ¿cómo vamos a contarle lo que hemos hecho durante el día a una compañera que no tiene hijos?

Los sentimientos de soledad pueden sorprender en algunos casos. Heather, cuya hija tiene tres meses, dice: «Siempre he tenido muchas buenas amigas, pero he perdido el contacto con ellas. No tenía ni idea de que me sentiría tan sola como madre». Y Grace comenta: «Subestimaba la importancia de la parte social de mi trabajo. Cuando estuve en casa con mi hija los primeros meses echaba de menos estar rodeada de gente. Mi nuevo papel me obligaba a quedarme en casa para cuidar a la niña y ocuparme de las tareas domésticas. No salía mucho. Cuando mi marido volvía de trabajar me abalanzaba sobre él porque estaba deseando hablar con alguien».

No tener cerca a la familia puede agravar la sensación de soledad. Cuando Amy tuvo a su hija echaba de menos a su familia, y le hubiera gustado tenerla a su lado: «Tengo muchos hermanos y hermanas, pero ninguno de ellos vive cerca, y me sentía muy sola. ¿Cómo iba a conocer mi hija a mi familia si no podíamos estar juntos? También me dolía que mi madre no viviera, porque mi hija se parecía mucho a ella. Era increíble. Me gustaría tener más cerca a mi familia ahora que soy madre».

Necesito ayuda

Puesto que la mayoría no tenemos una tribu de tías y mujeres mayores para ayudarnos en esa transición, debemos crear nuestra propia comunidad de apoyo.

Aunque muchas hemos pasado años haciéndolo todo por nuestra cuenta, enseguida descubrimos que con los niños necesitamos ayuda. Tras salir del hospital cuarenta y ocho horas después del parto, la gente espera que asumamos el papel de madres de forma inmediata. Puesto que la mayoría no tenemos un tribu de tías y mujeres mayores para ayudarnos en ese período de transición, debemos crear nuestra propia comunidad de apoyo. Normalmente son las madres las que vienen a ayudarnos esas primeras semanas tan decisivas. Otras deciden contratar a una cuidadora profesional, por ejemplo una enfermera especializada en recién nacidos o una niñera que ayuda y reconforta a la nueva madre para que pueda centrarse en su bebé.[18]

Los primeros días nuestros maridos son la mejor fuente de ayuda y bienestar. Muchas nuevas madres afirman que para ellas fue maravilloso pasar ese período inicial solas con su nueva familia. Carrie, que tiene un hijo de cinco meses, dice: «Una de las ventajas de dar a luz en casa fue que tuvimos la oportunidad de adaptarnos a nuestro nuevo hogar. Cuando mi hijo nació me sentía una persona totalmente distinta, y para mí era muy importante tener ese espacio privado en el que no me sentía presionada a llevar mi antigua vida. Mi marido se portó muy bien. Trabajó en casa todo el tiempo que pudo para poder ayudarme con el bebé. Fue estupendo estar los tres solos en nuestro pequeño nido».

Después de la intensa experiencia física y emocional del parto, a muchas nos apetece estar con nuestras madres. Jocelyn recuerda sus primeras semanas como mamá: «Mi marido se tomó una semana libre, y luego vino mi madre a pasar tres semanas conmigo, porque sabía que no podría arreglarme sola. Me cuidó maravillosamente. Además de cocinar y limpiar me dejaba salir de casa para que pudiera poner en orden mis ideas. Su ayuda fue inestimable».

Si nuestra familia no puede ayudarnos podemos buscar ayuda profesional. Joyce habla de lo útil que le resultó estar con mujeres expertas en cuidados maternales: «Cuando mi hija nació contratamos a una enfermera durante tres semanas, y a una niñera las tres semanas siguientes. Ambas me ayudaron mucho a sentirme cómoda con la niña y con el pecho. Las dos eran muy cariñosas. Así que las primeras seis semanas fueron maravillosas, porque esas mujeres me enseñaron a asumir la maternidad de un modo natural».

Venga de donde venga, el apoyo es crucial. Marcia, que es madre soltera, dice: «Me abrumó la ayuda que recibí cuando tuve a mi hija. Tenía un extraordinario grupo de apoyo. Tengo muchas amigas que estaban emocionadas y vinieron a echarme una mano. Para mis padres no fue fácil al principio, pero acabaron aceptándolo y me ayudaron muchísimo. Adoran a la niña».

Gracias a otras nuevas mamás

Sólo otra madre puede apreciar el hecho de que salgas de casa antes del mediodía con el pelo arreglado, los dientes limpios y la ropa en su sitio.

La compañía de otras nuevas madres es fundamental para ayudarnos a superar los altibajos del posparto. Su camaradería nos ayuda a sentirnos menos solas y nos da cierta perspectiva. Nos reconforta su comprensión y su sentido del humor, y son nuestro punto de referencia para entender lo que sentimos y por lo que estamos pasando. Sólo otra madre puede apreciar el hecho de que salgas de casa antes del mediodía con el pelo arreglado, los dientes limpios y la ropa en su sitio.

Algunas tenemos la suerte de encontrar ayuda en grupos organizados para nuevas mamás. Elise recuerda lo bien que se sentía en un grupo de apoyo que se reunía una vez por semana en el hospital: «Unas tres semanas después de que mi hija naciera comencé a participar en un grupo de madres. Fue fabuloso, porque me abrió las puertas de una nueva vida social. El hecho de tener algo en común con todas esas mujeres me animó muchísimo. Y estaba encantada porque de ese modo salía sola de casa. Me daba miedo llevar a mi hija en el coche, pero con aquellas nuevas madres me sentía muy relajada».

Para las nuevas mamás también puede ser importante tener una amiga con un bebé de la misma edad. Samantha, que tiene tres hijos, nos aconseja: «Busca a alguien a quien le interesen los niños tanto como a ti y le apetezca hablar del parto, el pecho y la primera sonrisa durante horas. No es que a una madre con tres hijos no le interese eso, pero está distraída con otras cosas. Te mereces toda la atención y la fascinación del mundo. Y no te sientas rara o culpable, porque es maravilloso y deberías disfrutarlo».

En un mundo ideal las futuras madres podrían anticipar sus necesidades y organizar su sistema de apoyo antes de que nazca el bebé. Pero muchas llevamos una vida muy ajetreada y no nos centramos en ese tipo de cosas. La realidad es que nos encontramos de repente con un nuevo trabajo del que apenas sabemos nada. No es de extrañar que no nos sintamos preparadas. Durante los primeros meses es importante buscar ayuda y aceptar lo que sentimos respecto a la maternidad. Y aunque resulte difícil de imaginar, debemos recordar que la fase del posparto es relativamente corta. La mayoría de los bebés empiezan a dormir con más regularidad y desarrollan una rutina a partir de la décima semana. Y normalmente son otras mamás –a través de una charla por teléfono, la visita de una antigua amiga o un grupo de nuevas madres– las que nos ayudan a apreciar la experiencia única de tener a nuestro primer hijo.

DOS

No sé cómo ser madre

La maternidad es la segunda profesión más antigua del mundo. Es el mayor programa de formación que existe hoy en día.
Erma Bombeck

> *El error más común*
> *entre las mujeres es pensar*
> *que el hecho de tener hijos*
> *nos convierte en madres, lo cual*
> *es tan absurdo como creer*
> *que alguien es músico*
> *sólo por tener un piano.*
> SYDNEY J. HARRIS

Que des a luz a un niño no significa que te sientas como una madre automáticamente. Convertirse en madre es un proceso en el que debemos integrar nuestra nueva identidad y prioridades en nuestra antigua vida. Y mientras asumimos ese nuevo rol puede haber momentos durante los primeros meses en los que no sepamos quiénes somos. ¿Soy una madre? ¿Soy una mujer? ¿Soy una profesional? ¿Soy una esposa? Entonces pensamos: «Hace unos meses era una persona activa y competente. Ahora soy una cuidadora sin experiencia que reza para poder mantener con vida a un bebé. ¿Dónde está mi antigua identidad?».

Aunque algunas mujeres se sienten como madres en cuanto dan a luz, la mayoría tardamos más en adaptarnos a ese papel. Ese sentimiento puede anticiparse por un hecho concreto, como la primera vez que amamantamos a un niño enfermo, oímos que se refieren a nosotras como la «mamá» de alguien o repetimos algo que solía decir nuestra propia madre. Pero en la mayoría de los casos convertirse en madre es un proceso complejo que influye en nuestro desarrollo personal y sólo se puede llevar a cabo con tiempo y experiencia.

Pensaba que iba a ser una madre perfecta

El concepto de maternidad con el que crecemos suele chocar con la tarea cotidiana de ser madre.

Antes de tener hijos muchas teníamos una imagen idealizada de la maternidad. Normalmente no somos conscientes de que tenemos esa imagen mental hasta que nos convertimos en madres y descubrimos que nuestras fantasías no tienen nada que ver con lo que supone cuidar a un recién nacido veinticuatro horas al día. En otras culturas y épocas sociales, cómo «salía» un niño era una cuestión del destino, la predeterminación genética y los designios divinos. Ahora vivimos en un mundo en el que la responsabilidad de que un niño sea feliz y tenga éxito en el futuro depende principalmente de la madre. Y eso nos somete a una presión sutil pero constante para ser buenas madres.

Aunque tengamos nuestras propias ideas sobre lo que significa ser una buena madre, hay una serie de pautas establecidas que nos condicionan. En nuestra cultura, la madre «perfecta» es cariñosa, comprensiva, sacrificada, alegre y tranquila. La madre mítica nunca tiene un mal día. Enseguida nos damos cuenta de que la maternidad no es como pensábamos que sería y de que resulta agotador.

Nuestras expectativas respecto a la maternidad siempre cambian después de tener un hijo. Así recuerda Megan su experiencia: «Cuando me dieron el alta en el hospital me quité el camisón y me puse la ropa que había preparado cuidosamente casi un mes antes. Y entonces me dije a mí misma: "La próxima vez no se te ocurra ponerte medias para volver a casa". Yo creo que fue la primera señal de lo que me esperaba. Me había engañado a mí misma pensando que ser madre era otra cosa».

El concepto de maternidad con el que crecemos suele chocar con la tarea cotidiana de ser madre. Janet dice: «La imagen que yo tenía de la madre ideal estaba basada en los medios de comunicación y en el hecho de que mi madre era muy tranquila. Al menos así se mostraba ella. Junto con las imágenes de las mamás felices, la personalidad de mi madre me influyó en gran medida. Por eso me sorprendió que tener un hijo fuera tan duro. Era mucho más difícil de lo que había imaginado, tanto desde el punto de vista emocional como práctico».

Aunque creamos que estamos preparadas para ser madres la realidad puede sorprendernos. Lucy comenta: «Me veía a mí misma como una mamá elegante, bien vestida, con un niño impecable. La casa estaría decorada y la habitación del bebé parecería sacada de una revista. Yo tendría tiempo para hacer muchas cosas interesantes. Pensaba que mi hijo estaría sentado en el suelo jugando mientras yo hacía la cena. No sé en qué estaba pensando. No me imaginaba que ser madre sería tan duro y que apenas me quedaría tiempo para nada más».

¿Qué tipo de madre quiero ser?

Como es lógico, muchas de nuestras ideas respecto a la maternidad están basadas en nuestras propias madres.

Nuestra actitud hacia la maternidad está determinada por nuestros recuerdos infantiles y las influencias culturales. Algunas intentan imitar a sus madres, y otras deciden adoptar un enfoque diferente. Pero en cualquier caso las experiencias de nuestra infancia juegan un papel decisivo en cómo nos vemos como madres. La mayoría de las que hemos tenido hijos con más de treinta años intentamos reconciliar las imágenes tradicionales de la maternidad con las que crecimos con nuestro desarrollo emocional y personal. Nuestro objetivo es estar a disposición de nuestros hijos sin sacrificar la seguridad y el control que hemos conseguido en nuestra carrera profesional. Queremos mantener nuestra identidad y ser a la vez unas madres atentas.

El concepto de maternidad que tenemos en muchos casos se centra en las relaciones emocionales con nuestra familia. Gabrielle dice: «Mi madre era una mujer muy práctica y responsable. Fue a la universidad, pero siempre supo que se quedaría en casa cuando tuviera hijos. Así que yo no tuve mucha información teórica sobre cómo debía ser una madre. Básicamente me veía a mí misma como una cuidadora, educadora y "animadora". La imagen que yo tenía de la maternidad no incluía el papel de "ama de casa". Estaba centrada en mi relación con mi hijo y mi marido, no en mi capacidad para limpiar, cocinar y aparecer en la puerta con un aspecto fabuloso cuando mi marido volvía del trabajo».

Como es lógico, muchas de nuestras ideas respecto a la maternidad están basadas en nuestras propias madres. Cynthia afirma que la influencia de su madre está muy presente en su vida: «La madre ideal para mí es mi madre, aunque en términos generales no me comparo con ella. Nunca pienso "¿Qué haría mi madre en esta situación?", porque en muchos sentidos creo que hago lo que haría ella. Somos el resultado de nuestra educación y, por desgracia, gran parte de la paternidad es inconsciente. Por lo tanto, si tus padres te educaron bien cabe pensar que tú harás lo mismo con tus hijos. Mi modelo de referencia es mi madre. Cuando nació mi primera hija la abracé como lo había hecho antes ella. Si tenía alguna frustración como madre nunca nos lo demostró. Era muy cariñosa y siempre estaba allí cuando la necesitábamos».

Algunas mujeres deciden ejercer la maternidad de un modo completamente diferente. Cecily, que tiene un hijo de dos años, está intentando plantearse la maternidad de una forma distinta a la de su madre, que anteponía las necesidades de sus hijos a las suyas propias: «Muchos de mis temores respecto a la maternidad tenían que ver con el papel que asumió mi madre. Antes de tener hijos era enfermera, y se quedó en casa con nosotros hasta que el más pequeño fue a la escuela antes de volver a trabajar a tiempo parcial. Sacrificó muchas de sus necesidades emocionales y económicas por las de sus hijos. Aunque sabía que para ser madre podía fijarme en los numerosos modelos positivos que he tenido a lo largo del tiempo, no podía ignorar la influencia de mi madre en mi vida. Confío en ser capaz de desarrollar mi propio concepto de la maternidad sin convertirme en una versión de ella».

A veces la educación que recibimos nos ayuda a decidir cómo no vamos a educar a nuestros hijos. El objetivo de Bonnie es criar a su hija con un sólido sentido de la identidad: «No quería educarla como me educaron a mí. Estoy intentando hacerlo mejor y potenciar su autoestima, algo que yo no tuve. Para mí ser madre es una decisión que tomé con mi marido. Queríamos ser padres de un modo que fuese beneficioso psicológicamente para nuestra hija. Eso es lo que me mantiene ilusionada como madre: el deseo de fortalecer la autoestima de mi hija para que cuando tenga mi edad se sienta segura de sí misma».

No sé si me siento aún como una madre

Integrar la maternidad en la vida que llevábamos antes de tener hijos es todo un reto que está lleno de posibilidades de desarrollo personal.

En su trabajo sobre desarrollo adulto, Erik Erikson afirma que la vida evoluciona en etapas. Cada etapa está marcada por una «crisis» o momento decisivo de mayor vulnerabilidad y potencial.[19] Si la situamos en este contexto, la maternidad se puede considerar un período de transición en el que debemos seguir evolucionando sin las técnicas que nos resultaban útiles en nuestra vida anterior. Y puesto que toda transición nos exige renunciar a algunos aspectos de nuestra antigua vida, este proceso puede ser difícil y emocionante a la vez.

Integrar la maternidad en la vida que llevábamos antes de tener hijos es todo un reto que está lleno de posibilidades de desarrollo personal. Sobre todo en los primeros meses no comprendemos bien lo que significa ser madre. Nuestra vida está tan unida a nuestro bebé que a veces nos resulta difícil desprendernos de nuestro papel de cuidadoras y recordar quiénes somos como personas independientes. La escritora Andrea Boroff Eagan ha estudiado lo que le ocurre psicológicamente a una nueva madre durante los primeros nueve meses de la vida de su hijo. En su libro *The Newborn Mother: Stages of Her Growth*, habla de las emociones que experimentan las nuevas mamás y demuestra que nuestros sentimientos suelen seguir una pauta previsible.

Eagan ha comprobado que durante los dos primeros meses el papel de la madre es básicamente el de cuidadora. Estamos unidas a nuestro hijo a través de una intensa conexión física. En muchos casos comenzamos a desarrollar un fuerte vínculo emocional cuando el bebé empieza a respondernos con miradas y sonrisas intencionadas. No hay nada más gratificante para una madre que el hecho de que su hijo le sonría por primera vez.

Entre el segundo y el quinto mes, a medida que evoluciona la relación emocional, las madres y los hijos pasan por una fase que Eagan denomina «simbiótica», en la que el bebé se siente identificado con su madre. Mientras tanto, nosotras queremos cada vez más a nuestro hijo y nos importa más que cualquier otra cosa. En esa relación simbiótica podemos perder nuestro propio sentido de la identidad. En esta fase solemos decir que no sabemos quiénes somos y que no nos interesa nada el mundo exterior. Irónicamente, ése es el momento en el que termina la baja maternal y se espera que volvamos a llevar una vida «normal». Si nos reincorporamos al trabajo tenemos que aprender a combinar las responsabilidades maternales y laborales. Y si decidimos quedarnos en casa tenemos que redefinirnos a través de nuestra nueva vida como madres.

En los cinco primeros meses los bebés comienzan a desarrollar cierta autonomía, y nosotras volvemos a centrarnos en nosotras mismas y en el mundo que nos rodea. Hacia el sexto o séptimo mes, a medida que aumenta esa autonomía, nos sentimos más seguras como madres y nos preocupan menos los cuidados cotidianos de nuestro hijo. Empezamos a centrarnos en otros aspectos de nuestra vida y comenzamos a tomar medidas para recuperar nuestra identidad y nuestra forma física. Para el octavo o el noveno mes el bebé se ha convertido en una persona claramente independiente que comienza a explorar su entorno. Entonces pasamos a ser también educadoras, protectoras y compañeras de juegos. Normalmente, durante este tiempo hemos restablecido el contacto con el mundo y estamos intentando integrar la maternidad en nuestra vida diaria.[20]

¿Quién soy?

La maternidad está mucho menos definida que el mundo del trabajo, y yo no estaba preparada para esa rutina.

El estudio de Eagan es esclarecedor porque explica lo que podemos experimentar en esos primeros nueve meses. Una de las cosas más difíciles es saber quiénes somos ahora que somos madres. Aunque algunas mujeres se sienten unidas a sus hijos enseguida, la mayoría no se sienten como madres de forma inmediata. Gabrielle habla de su nueva identidad y de sus dudas respecto a lo que hace una madre con su tiempo: «Aunque empecé a sentirme como una madre hacia la quinta semana, tardé más tiempo en actuar con seguridad como tal. Me había pasado la vida estudiando y trabajando. A pesar de que mi madre se había quedado en casa para cuidar a sus hijos no me veía como ella, y no tenía ni idea de lo que hacía una "mamá" durante todo el día.

»Cuando mi hijo tenía unos dos meses fui a visitar a mi hermana, que tiene dos niños y mucha más experiencia en este campo. Aquella visita me resultó muy útil para ver cómo funcionaba una madre. La maternidad está mucho menos definida que el mundo del trabajo, y yo no estaba preparada para esa rutina. Estar con mi hermana fue fantástico, porque es una persona muy práctica y activa. Mi miedo a convertirme en una maruja teleadicta desapareció. El hecho de ser madre no le impide relacionarse con otros adultos y participar en actividades interesantes. Esto es lo que me dijo respecto a su trabajo como mamá: "Trabajo con gente estupenda que me responde de forma positiva, veo los resultados de mi trabajo constantemente, y es tan estimulante como cualquier empleo que he tenido". Aquello me dio una buena perspectiva para replantearme mi nueva vida.»

Experimentar una crisis de identidad no es algo inusual. Cynthia recuerda la crisis de identidad que tuvo cuando su hija tenía cinco semanas: «No estaba trabajando, pero me sentía identificada con mi profesión. Ser médico es lo único que siempre he querido hacer aparte de ser madre. Un día que iba conduciendo con un tráfico terrible mi hija empezó a llorar, y me entró el pánico. Estaba sudando, y entonces pensé: "¿Qué estoy haciendo?". No sabía si era médico, madre u otra cosa. Al mirar hacia atrás me parece que la maternidad ha sido una transición. No es que un día fuese médico y al siguiente fuese madre. Ha sido un proceso gradual, y con el tiempo he establecido mi identidad como madre. Ahora me encuentro cómoda en ella, y tendré que ver cómo evoluciona a medida que mis hijas crezcan».

Lógicamente, el temperamento de nuestros hijos determina cómo nos vemos como madres. Si tenemos un bebé tranquilo nos sentimos más seguras de nuestra capacidad maternal. Si nuestro hijo es difícil de cuidar lo normal es que tardemos más en sentirnos cómodas en nuestro nuevo papel. Laura recuerda cómo le afectó el primer año de su hija: «No me sentí como una madre hasta que pasó un año. Mi hija tuvo cólicos durante siete u ocho meses, así que el primer año fue muy duro. Me resultaba muy difícil sentirme unida a ella. Su temperamento influyó mucho en cómo me veía a mí misma».

Tener hijos muy seguidos también puede trastocar nuestra identidad. La vida de Eleanor cambió de forma drástica al tener dos hijos en dos años. Aunque está encantada con ellos sigue intentando definirse a sí misma como madre porque cree que es un papel que no está bien definido: «Mi vida ha cambiado mucho; en algunos aspectos de forma positiva y en otros de forma negativa. La parte positiva es que soy mucho más feliz de lo que había imaginado. Quedarme en casa con mis hijos y verlos crecer ha sido maravilloso. Y me siento segura en un ámbito en el que no tenía ninguna experiencia. La parte negativa es que aún no sé bien cómo me siento conmigo misma. Fui a la universidad y me preparé para trabajar, pero no me preparé tanto para ser madre. Aún estoy intentando averiguar cómo puedo sentirme bien en todos los sentidos».

Muchas se preguntan cómo se ven a sí mismas cuando termina la baja maternal y tienen que compaginar la maternidad con la vida profesional. Heather, que tiene una hija de tres meses, decidió entonces no volver a trabajar. Dice que no sabía cómo iba a ocupar el tiempo y la mente al quedarse en casa, pero sabe que tomó la decisión correcta: «Estoy aprendiendo a ser madre, y me sorprende lo feliz que soy. Es una parte de mi identidad que me faltaba. Como madre me siento completa».

No reconozco mi cuerpo

Aunque tengamos la esperanza de recuperar nuestra figura en unas semanas, normalmente lleva más tiempo.

En la mayoría de los casos el hecho de ser madres cambia nuestra imagen física y psicológica. El embarazo, el parto y dar pecho a un niño son unos acontecimientos extraordinarios que nos ayudan a apreciar lo que es capaz de hacer nuestro cuerpo. Al mismo tiempo, a algunas mujeres nos sorprende que nuestra identidad personal dependa tanto de nuestro aspecto. Para muchas mujeres engordar es especialmente inquietante. A pesar de que sabemos que forma parte del proceso de tener un hijo, nos incomoda estar gordas y que nos queden secuelas físicas después de dar a luz.

Aunque tengamos la esperanza de recuperar nuestra figura en unas semanas, normalmente lleva más tiempo. Y aunque la báscula indique que pesamos lo mismo que antes del embarazo, la forma de nuestro cuerpo suele ser diferente. Hay algunas afortunadas que vuelven a estar en plena forma en un mes o dos, pero la mayoría tardamos un año en sentirnos cómodas con nuestro cuerpo. Sin embargo, no debería sorprendernos si consideramos cuánto dura el embarazo. Si pensamos menos en el hecho de que no nos valgan nuestros vaqueros favoritos y nos centramos más en el milagro en el que hemos participado nos sentiremos mejor con nuestra imagen física.

Algunas se sienten más orgullosas de su cuerpo. Tina, que tiene un bebé de ocho semanas, dice que está encantada con su cuerpo: «Mi marido cree que soy la mujer más sexy del mundo. Estar embarazada es fantástico. Cuando estás embarazada tu cuerpo experimenta un montón de cambios durante esos nueve meses. Y cuando tienes a tu hijo cambia muchísimo en sólo veinticuatro horas. Cuando me llegó la leche fue asombroso. A los dos nos parecía increíble que el cuerpo de una madre fuera tan fuerte y poderoso. Me sentía muy orgullosa de mí misma».

Pero los cambios físicos también pueden hacer que nos preguntemos quiénes somos. Leslie dice que el hecho de haber engordado tanto durante el embarazo hace que no se reconozca a sí misma: «Cuando estaba embarazada engordé veintidós kilos. Mi lado de la cama se sigue hundiendo más que el de mi marido, que es un tipo grande. Desde que he tenido hijos me siento como una matrona. Antes de ser madre trabajé durante diez años, así que después no sabía qué ponerme, y me preguntaba: "¿Cómo visten las madres?". Puede parecer frívolo, pero no me siento yo misma. Cuando me veo en una fotografía pienso: "No puedo ser así". Ha sido difícil, porque en muchos sentidos soy la misma persona, pero mi aspecto físico es muy diferente».

El hecho de que nuestro cuerpo se transforme puede ser desconcertante. Amy, que siempre había sido muy atlética, estaba a la vez encantada y desolada con los cambios físicos que experimentó durante el embarazo: «Cuando estaba embarazada me sentía mucho menos segura, porque me veía enorme. Fue muy duro. Además estaba acostumbrada a hacerlo todo por mí misma, y entonces tenía que pedir a alguien que me subiera la maleta en los aviones. Por otro lado me enorgullezco de ser autosuficiente, y durante el embarazo rompí todas las normas. Viajé casi hasta el final. Hice las cosas a mi manera, y eso fue muy importante para mí».

Joyce dice que pasar por dos embarazos y dos partos ha hecho que se sienta más segura de sí misma: «Con cada hijo me he sentido más cómoda con mi cuerpo. El primer embarazo fue mucho más duro que el segundo. He aprendido a aceptar los cambios de mi cuerpo porque sé que puedo perder el peso que cojo y recuperar mi figura. En muchos sentidos ahora me siento mejor. Me he relajado más. En los dos embarazos me acostumbré a la rutina y fue más llevadero. Un día que me puse a pensar me di cuenta de que nadie me estaba observando, así que no importa si peso dos kilos más que antes de tener hijos. Ése es el gran secreto. Es importante relajarnos y disfrutar de lo que tenemos».

Cuando me cuido me siento mejor

Aunque nos resulte incómodo, pedir ayuda puede hacer que nos sintamos mejor con nosotras mismas.

Uno de los mayores retos para las nuevas mamás es no acabar agotadas al cuidar a nuestros hijos. Todo el mundo está de acuerdo en que necesitamos descansar de las obligaciones de la maternidad. A diferencia de otros trabajos que se pueden «dejar atrás» al final del día, la maternidad es un tarea que no se termina nunca. Por lo tanto es importante que encontremos tiempo para nosotras, ya sea contratando a una canguro o convenciendo a una amiga para que cuide a nuestro bebé mientras vamos a dar un paseo. La mayoría necesitamos estar solas de vez en cuando para renovarnos. Otras se sienten reconfortadas saliendo con su marido o con sus amigas. Sea como sea, tenemos que buscar tiempo de forma regular para reencontrarnos con nosotras mismas.

Cada una debe encontrar la mejor manera de cuidarse. Ésta es la receta de Joanne para mantener la cordura: «Como todas sabemos, ser madre es muy absorbente, así que intento cuidarme con pequeños detalles. Por ejemplo, cuando nació mi hijo mayor casi nunca me lavaba la cara y los dientes por las mañanas, hasta que un día dije: "Esto es una locura". Así que me compré unas cremas limpiadoras e hidratantes fabulosas. Me encerraba en el cuarto de baño todas las mañanas durante... cinco minutos, me hacía una limpieza facial y salía como nueva, lista para afrontar otro día de maternidad. También dejé de comprar el periódico a diario, porque lo único que hacía era amontonar periódicos día tras día sin abrirlos. (Cuando llamé para anular el pedido y me preguntaron por qué quería anularlo casi me echo a llorar mientras les explicaba que no iba a tener un momento para mí misma en los diez años siguientes.) Ahora leo el *New York Times* siete días a la semana».

Para muchas nuevas madres el apoyo de otras personas es muy importante. Janet, que tiene dos hijas, dice que una de las cosas que más le ayuda a mantener el equilibrio es participar en un grupo de padres: «Cuidarme a mí misma me permite mantener una buena relación con mi marido y con mis hijos. Si me siento mal sé que es porque he acumulado demasiados sentimientos negativos, y el grupo de padres es un buen lugar para sacar todo eso».

Aunque nos resulte incómodo, pedir ayuda puede hacer que nos sintamos mejor con nosotras mismas. Jenny, que tiene un hijo de seis meses, dice que poco a poco está aprendiendo a aceptar la ayuda de los demás: «Desde que soy madre he encontrado la manera de cuidarme a mí misma confiando en otras personas. Esto es algo nuevo para mí. Cuando mi madre tuvo que volver a trabajar una de mis tías se ofreció a venir de vez en cuando para echarme una mano. Era maravillosa, no sólo por cuidar a mi hijo, sino también por su compañía y sus consejos. Estar unas horas separada de mi hijo hacía que me sintiera más equilibrada».

Para algunas el trabajo es una forma importante de mantener el equilibrio. Deborah, que es madre soltera y asesora administrativa, afirma que trabajando obtiene un tipo de gratificación distinta a la que le da su hijo: «No hago nada especial para cuidarme. Simplemente me dedico a mi carrera, porque me da muchas satisfacciones. Los fines de semana me ocupo yo sola de mi hijo, aunque no tengo tiempo ni de cortarme el pelo. Pero los miércoles por la noche siempre viene una canguro. Esa noche sé que puedo trabajar hasta tarde o ir al cine. Nunca he hecho un viaje, excepto de trabajo, sin mi hijo. Cuando viajo por trabajo disfruto del tiempo que paso en el avión, leo revistas, desayuno en la cama. Como no es muy frecuente lo aprovecho al máximo. La verdad es que estoy tan a gusto con mi hijo que no necesito salir mucho ni que me den masajes todos los días».

Todas sabemos que el ejercicio (y empujar un cochecito hasta el supermercado lo es) tiene muchos beneficios físicos y psicológicos. Además, practicar una actividad física de forma regular nos da una sensación de control en un mundo tan imprevisible como el de la infancia. Elise, una madre trabajadora, dice que ir al gimnasio dos veces por semana es su salvación: «Para mí el ejercicio es muy importante para afrontar las tareas cotidianas. De hecho, noto una gran diferencia si no voy al gimnasio. Cuando logro hacer ejercicio dos veces por semana me siento como si me quitase un gran peso de encima».

El ambiente de camaradería de un gimnasio puede incrementar las recompensas físicas del ejercicio. Cynthia comenta: «Hago todo el ejercicio que puedo, aunque no soy muy constante, porque depende de lo que ocurra con el resto de mi vida. En el gimnasio tengo un grupo de apoyo fabuloso. Con el tiempo he conocido allí a unas cuantas amigas y todas hemos tenido hijos a la vez. Todas nos hemos apoyado en los embarazos a medida que nuestro cuerpo ha ido cambiando. La mayoría van allí para sentirse mejor y hacer algo por sí mismas, no por vanidad. Es una forma de mantenernos sanas».

El objetivo es dar a nuestros hijos lo que necesitan sin olvidarnos de esos aspectos personales que nos hacen ser quienes somos. En otras palabras, las madres de niños pequeños deben «mimarse» de vez en cuando. Necesitamos descansar y buscar tiempo para nosotras mismas para no acabar agotadas física y emocionalmente. Si nos cuidamos bien tendremos más amor y energía para dar a nuestros bebés.

Estoy cambiando

A través de la maternidad crecemos cada vez un poco más.

Ser madres nos obliga a ampliar nuestra identidad para integrar las responsabilidades maternales en nuestra antigua vida. Si estamos dispuestas a cambiar con el nuevo papel la maternidad puede darnos una nueva perspectiva de lo que somos. Como afirma la psicóloga Lucy Scott: «La maternidad es una oportunidad para afrontar nuestros sueños y temores y descubrir nuevas posibilidades de compromiso y desarrollo personal».[21] Betsy ve la maternidad como una oportunidad continua de conocerse mejor: «Para mí la maternidad es un proceso constante de autorreflexión. Cómo trato a mis hijos, les respondo, hablo con ellos y pienso en ellos me ha enseñado más sobre mí misma de lo que había imaginado. Nunca en mi vida me había visto a mí misma de un modo tan intenso y sincero. La maternidad ha sacado lo mejor y lo peor de mí. Me ha hecho darme cuenta de lo que es realmente importante en la vida».

A través de la maternidad crecemos cada vez un poco más. Megan, que tiene un hijo de un año, dice: «Yo creo que la maternidad no es un proceso lineal en el que se puedan tachar las distintas fases como tareas acabadas. Yo estoy haciendo lo mismo una y otra vez en períodos constantes de intensa alegría mezclada con ansiedad, preocupación y falta de sueño. En medio hay períodos más largos de tranquilidad. Ahora mis días están llenos de dicha, confianza y esperanza. El primer año de la vida de mi hijo ha pasado tan rápido que he comprendido que además de planificar el futuro es importante que esté presente aquí y ahora, con mi familia».

Con el tiempo nos adaptamos a esa identidad y volvemos a sentirnos nosotras mismas de nuevo. Rosemary, madre de tres hijos, confiesa: «Con veinte años era muy impetuosa e independiente. Trabajaba duro, exploraba muchas cosas nuevas y desafiaba los límites constantemente. Pero ahora que soy madre me he dado cuenta de que la vida que llevaba estaba muy alejada de mi verdadera identidad. Como madre me siento más cerca de la persona que era cuando estaba creciendo, porque pongo en práctica mis auténticos valores y creencias a diario».

A veces lo único que debemos hacer es retomar la identidad que siempre ha estado ahí. Caroline, que ahora tiene cuatro hijos, dice: «Ser madre no me resultó nada fácil. Al principio lamentaba tener que renunciar a tantas cosas, y pensaba: "Nunca volveré a montar en bicicleta. Nunca volveré a tener relaciones sexuales. Nunca volveré a tener privacidad". Pensaba que acabaría identificada con mi bebé y me convertiría en una persona totalmente diferente. La verdad es que no debes alejarte de ti misma. Tienes que ser como has sido siempre. No puedes ser distinta como esposa o madre. La recompensa es que cuando tus hijos crecen empiezan a apreciarte a pesar de tus rarezas».

Para la mayoría, ser madre es estimulante, gratificante y muy distinto a lo que esperábamos. En vez de asumir que sabemos cómo ser madres desde el principio, tenemos que darnos tiempo para adaptarnos a ese papel y estar abiertas a las oportunidades para cambiar que nos ofrece la maternidad. Una de las primeras lecciones que nos enseñan nuestros hijos es que es imposible ser una madre perfecta. En vez de aspirar a ese ideal, debemos intentar satisfacer las necesidades de nuestros hijos sin perder el contacto con nosotras mismas. Al descubrir que no somos unas mamás fantásticas nos damos cuenta de que nuestros hijos nos quieren de todos modos, con todas nuestras imperfecciones.

TRES

¿Cómo puedo combinar mi identidad profesional con la maternidad?

*Estar entre dos mundos es como montar dos caballos.
Si puedes llevarlos en la misma dirección no te partirás.*
BETH WILSON SAAVEDRA

> *Puedes tenerlo todo, pero no
> al mismo tiempo.*
> UNA NUEVA MADRE

El movimiento feminista ha cambiado el panorama para las madres actuales. Para las que iniciamos una carrera con veinte años y estamos teniendo hijos con más de treinta, la cuestión es trabajar o no trabajar. Desde los años setenta cada vez son más las mujeres que se integran en el mundo laboral y realizan trabajos bien remunerados (muchos de los cuales eran antes dominio exclusivo de los hombres). Y a diferencia de las mujeres de otras generaciones, nosotras no nos consideramos únicamente esposas y madres. Muchas tenemos también una identidad profesional que nos proporciona una gran satisfacción.

Tras haber trabajado durante muchos años antes de tener un hijo, debemos tomar una serie de decisiones para combinar el empleo y la maternidad. Aparte de trabajos de jornada completa, algunas mujeres tienen horarios flexibles o trabajan a tiempo parcial. Otras dejamos de trabajar para quedarnos en casa, pero utilizamos nuestros recursos profesionales para montar negocios independientes o participar en actividades cívicas o benéficas. En cualquier caso, la búsqueda para conseguir el equilibrio adecuado para nuestra familia es un proceso continuo. Como señala Louise: «Conozco a pocas madres que no piensen en ello. Todas se lo plantean aunque estén contentas con la decisión que han tomado. Hay veces en las que todas nos preguntamos: "¿He tomado la decisión apropiada para mi familia y para mí? ¿Estoy haciendo bien lo que he elegido?"».

En muchos casos nos sentimos culpables de nuestras decisiones, en gran medida porque en nuestra cultura se considera a las madres las principales responsables de cómo «salen» los hijos. Y nos encontramos ante una disyuntiva: queremos ser «buenas madres», pero también nos sentimos presionadas a «usar» nuestra formación para conseguir algo en el terreno profesional. En última instancia, la decisión de cómo equilibramos el trabajo y la familia es individual, y la tomamos en función de nuestras circunstancias personales, profesionales y económicas.

Aunque me habría resultado más fácil, resistí la tentación de dividir este capítulo en dos: uno sobre madres trabajadoras y otro sobre madres que se quedan en casa. Ese tipo de división no nos ayuda en absoluto, puesto que muchas de las cuestiones que debemos afrontar son similares. Como madres mayores, la mayoría hemos tenido una carrera seria antes de tener hijos, y conocemos las ventajas y los inconvenientes de un trabajo remunerado. Esta experiencia profesional influye en cómo nos sentimos a la hora de compaginar el trabajo y la maternidad, independientemente de que decidamos seguir trabajando, quedarnos en casa o combinar ambas cosas. Desde que soy madre he tenido la suerte de trabajar fuera de casa, quedarme en casa y trabajar desde casa. Sé por experiencia que las inquietudes de las madres trabajadoras y las no trabajadoras no son siempre las mismas, pero todas intentamos hacer lo mejor para nuestra familia.

El problema es que no hay un consenso claro que determine cuál es la mejor opción. Aunque los sociólogos llevan años investigando los efectos del trabajo para las madres y las familias, los resultados no son concluyentes. Pero hay algo que puede validar la decisión que tomemos. En lugar de sentirnos inseguras de nuestras decisiones o cuestionar las de otras mujeres, debemos decidir lo más adecuado para nosotras en cada momento y replantearnos el equilibrio entre el trabajo y la familia a medida que cambien nuestras circunstancias.

Y en vez de separarnos en dos bandos, tenemos que apoyarnos unas a otras para elevar juntas el estatus de la maternidad en nuestra cultura.

Trabajo fuera de casa

Para muchas, el trabajo es una parte esencial de su identidad.

La mayoría de las madres americanas trabajan fuera de casa. En 1998 trabajaban el 65 por ciento de las madres con hijos menores de cinco años y el 75 por ciento del total.[22] Trabajamos porque estamos asentadas en nuestra profesión y nuestra familia depende de nuestros ingresos. Tras haber trabajado durante años antes de ser madres no queremos dejar nuestro empleo y perder nuestra reputación, contactos y experiencia, por no hablar del salario. Después de sentirnos satisfechas con nuestras carreras, algunas madres trabajadoras nos preguntamos si seremos felices quedándonos en casa. El trabajo satisface nuestras necesidades intelectuales y creativas, y además nos proporciona beneficios sociales. Al tener un sueldo nos sentimos más seguras e independientes. Creemos que estamos dando un buen ejemplo a nuestros hijos al tener otra identidad fuera de casa. Y cuando encontramos a alguien de confianza para cuidar a nuestros hijos pensamos que es importante que en su vida haya otros adultos que les den cariño.

Para muchas, el trabajo es una parte esencial de su identidad. Elaine, ejecutiva de mercadotecnia y madre de dos hijos, dice que no se imagina cómo sería su vida sin su trabajo: «Me gusta cómo me siento al formar parte de un mundo apasionante. Me gusta que reconozcan mis méritos y participar en algo importante para mucha gente. Utilizar mi cerebro constantemente me da mucha energía. A veces me pregunto si sería una buena madre si me quedara en casa y no trabajara fuera. No lo sé. Ahora mismo estoy demasiado ocupada para planteármelo. Pero me entra el pánico cuando pienso: "¿Y si dejara de trabajar algún día?"».

La imagen que tenemos de nosotras mismas como madres trabajadoras puede cambiar a medida que cambian nuestros hijos. Teresa tiene un hijo de dieciocho meses y un trabajo absorbente como experta en inversiones. En este momento no se le ocurriría renunciar a su vida profesional. Así describe su evolución como madre trabajadora: «Antes de tener a mi hijo me preocupaba cómo iba a seguir trabajando, pero nunca me planteé quedarme en casa, en parte porque me gusta mi trabajo y por motivos económicos. Y porque mi marido y yo creemos que éste es el momento de trabajar duro. Las necesidades que tiene ahora nuestro hijo las puede satisfacer una buena cuidadora. A medida que crezca habrá en su vida períodos más críticos en los que tengamos que estar ahí».

Con el tiempo Teresa ha conseguido centrarse más en su trabajo: «Desde que soy madre me siento más segura en mi trabajo, porque pongo en él la misma atención al detalle que le dedico a mi hijo. Y parte de la energía neurótica que antes iba a mi trabajo ahora va a mi hijo, así que ambos se benefician. Cuando volví a trabajar tras la baja maternal me resultó muy difícil. Seguía dando pecho a mi hijo y estaba muy distraída, como si no estuviera allí. Pero pensaba que por muy mal que me fuera el día enseguida vería a mi niño. A los doce meses, cuando dejé de darle el pecho y empecé a tener cierta perspectiva, comencé a pensar que quería obtener más logros en el trabajo. Ser madre me ayudó a centrarme. Podía olvidarme del ruido y concentrarme en lo que era importante. Lo peor de ser una madre trabajadora son los horarios. Tengo que estar en casa a una hora determinada y hacer una serie de cosas antes de salir de trabajar. Así que tengo que organizarme bien. Ahora soy mucho más eficaz en todos los sentidos».

A algunas les gusta la satisfacción personal que les da el trabajo y tienen clara su decisión. Victoria, que ha trabajado durante casi veinte años en la industria editorial, dice: «Trabajo por el estímulo y el crecimiento personal que experimento. Si llega un punto en el que no crezco más buscaré otras cosas que me ayuden a crecer. Eso es lo que más me motiva, además de la compensación, por supuesto. Soy una persona de ideas claras. Y cuando mis hijos necesitan más de mí no me siento culpable, porque es lo normal. Los niños siempre nos piden más, aunque nos quedemos en casa con ellos. Ni siquiera los días que mi jefe se pone como una furia, mis hijos se derrumban cuando llego a casa y mi marido está de mal humor pongo en duda mi decisión. Sé que va a haber días malos, pero todo se pasa y las cosas siguen su curso».

No sabía que la baja maternal acabaría tan pronto

Cuando nos planteamos la vuelta al trabajo no sabemos bien cómo vamos a combinar las exigencias de la maternidad y la vida profesional.

A la mayoría de las madres nos resulta muy difícil volver a trabajar tras la baja maternal. Cuando estamos empezando a cogerle el truco a la maternidad tenemos que añadir el trabajo a nuestra apretada agenda.

¿Quién se iba a imaginar que volver al trabajo sería tan complicado? No nos agrada la idea de dejar a nuestro querido hijo con una persona relativamente desconocida, y dudamos que haya alguien tan responsable y capacitado como nosotras para cuidarle. Por otro lado, puede que nos apetezca volver a un entorno familiar en el que podemos hablar sin que nos interrumpan y en el que tenemos cierto control. Cuando nos planteamos la vuelta al trabajo no sabemos bien cómo vamos a combinar las exigencias de la maternidad y la vida profesional.

En muchos casos tenemos sentimientos contradictorios respecto a las decisiones que debemos tomar. Megan, que volvió a dar clases tras doce semanas de baja maternal, comenta: «Me hacía ilusión ir a trabajar, pero cuando comencé me sentía fatal. Todas las mañanas daba clases de nueve a doce, y para cuando acababa tenía los pechos a punto de estallar. Entonces mis alumnos se acercaban para hacerme preguntas o pedirme citas, y yo, que siempre he sido tan accesible, los apartaba bruscamente para ir corriendo a mi despacho y coger el sacaleches. No podía dejar de dar pecho a mi hijo porque para mí era muy importante que siguiera bien cuidado, y eso era algo que sólo yo podía darle. Cuando estaba trabajando pensaba en mi bebé y le echaba mucho de menos. Y cuando llegaba a casa empezaba a preocuparme por el trabajo que había dejado pendiente. Nunca estaba contenta; siempre quería estar donde no estaba».

Para muchas mamás, el estímulo intelectual es una razón importante para volver a trabajar. Heidi, cuyos gemelos tienen ahora cinco meses, se reincorporó a su trabajo en un gabinete de abogados después de tres meses de baja maternal porque echaba de menos utilizar su mente: «No sabía cómo me sentiría después de tener a los niños, pero quería volver a trabajar y ver si podía con todo. Al principio me costó relajarme. Tardé un mes en acostumbrarme a la idea de ser madre, adaptarme a los horarios de mis hijos y disfrutar de la experiencia. El segundo mes de baja maternal las cosas empezaron a ser más llevaderas, y mi cuerpo comenzó a recuperar la normalidad. Y en las últimas cuatro semanas de baja tuve que contratar a una niñera y empezar a pensar en la vuelta al trabajo. Pero no me resultó duro. Me sentía muy unida a mis hijos. Los quería y sabía que ellos me querían. No estaba ansiosa ni temía que se olvidaran de mí. Y tenía ganas de recuperar mi cerebro».

Heidi continúa diciendo: «El momento crucial fue una cena a la que asistí cuando los gemelos tenían dos meses. Estuve un mes de reposo antes de que nacieran, así que llevaba tres meses sin conocer gente nueva. En aquella cena me senté junto a un colega que podía haber sido un buen contacto para mí. Pero no pude articular dos frases seguidas de lo asustada que estaba. Ésa fue la señal definitiva de que necesitaba cambiar el chip, y empezó a entusiasmarme la idea de volver a trabajar. De momento está funcionando bien».

Algunas madres están tan convencidas de que van a seguir trabajando después de tener un hijo que se quedan sorprendidas cuando empiezan a dudar de sus intenciones. Heather pensaba que siempre sería una madre trabajadora, pero durante la baja maternal decidió que quería quedarse en casa con su hija. La presencia de un bebé de carne y hueso alteró todos sus esquemas: «Antes de ser madre pensaba que una mujer inteligente y capacitada debía volver a trabajar. Mi intención de seguir trabajando estaba basada en la ideología feminista de la que era partidaria. Así que la decisión de no volver a trabajar fue muy difícil para mí, porque siempre pensé que trabajaría fuera de casa. En parte se debía a que me daba miedo parecerme a mi madre, y a que siempre he querido controlar las cuestiones económicas. Ahora estoy intentado librarme de mis temores y de mi necesidad de control, y en cierto modo es muy liberador».

No doy abasto

En muchos casos, el equilibrio entre el trabajo y la familia no se consigue rápidamente con facilidad.

Lo más duro para la mayoría de las madres que trabajamos es que siempre estamos rendidas. En vez de un trabajo agotador, ahora tenemos dos. Los estudios demuestran que la madre trabajadora media invierte ochenta y cinco horas semanales en su trabajo, sus hijos y las tareas domésticas. Así que además de las cuarenta horas de trabajo remunerado dedicamos cuarenta y cinco horas a la semana a la casa y la familia. Esto constituye un «segundo turno», que realizamos después de salir del trabajo y llegar a casa al final del día.[23]

Antes de tener un hijo, si teníamos que quedarnos hasta tarde o trabajar el fin de semana para terminar un proyecto, lo hacíamos. Pero como madres no nos podemos permitir ese lujo. Muchas nos sentimos culpables o frustradas por no ser capaces de rendir como madres o empleadas al cien por cien. En su estudio sobre nuevos padres, Cowan y Cowan han comprobado que incluso cuando las madres trabajadoras están contentas con su vida, ninguna está plenamente convencida de estar dedicando la energía suficiente a su trabajo o de haber decidido lo mejor para su bebé.[24] Básicamente, ser una madre trabajadora es un constante juego de malabarismo.

Stephanie, madre lesbiana, habla de lo difícil que es equilibrar el trabajo y la familia: «El mayor inconveniente de la maternidad es que limita tus posibilidades de desempeñar cualquier otro papel. Muchas veces pienso que no soy muy buena compañera, muy buena madre o muy buena jefa; que todo se resiente en alguna medida. Así me siento la mayor parte del tiempo. Es raro que piense que hago mi trabajo al cien por cien, participo en una relación adulta al cien por cien o soy una buena madre al cien por cien. Es tan complicado ser madre y tener un trabajo de jornada completa que no creo que se pueda hacer todo perfecto; desde luego no al nivel que nos gustaría alcanzar. Tengo que esforzarme para no ser demasiado crítica conmigo misma por las cosas que dejo pendientes, porque no se puede hacer todo. Hay demasiadas exigencias».

Cuando tenemos hijos, nuestras prioridades cambian inevitablemente. Megan, que es educadora y tiene un hijo de un año, comenta lo difícil que le resultó volver a trabajar: «Tuve que dar menos importancia al trabajo en mi lista de prioridades. Antes, si no me organizaba bien, alguien quería comentar algo a última hora o surgía algún imprevisto, me quedaba un rato más, llevaba trabajo a casa o venía el fin de semana. Como madre no podía hacer eso. Tenía que aprovechar el tiempo al máximo. No podía quedarme charlando con nadie a la salida; no podía quedarme a reescribir un memorándum que no acababa de gustarme. Trabajar en casa era imposible. Al ver la pila de papeles que iba acumulando me sentía culpable. Me indignaba dejar cosas pendientes, que el trabajo afectara a mi vida familiar y que mi marido pudiera quedarse trabajando siempre que fuera necesario, aunque a mí ya no me apeteciera trabajar hasta las tantas. Quería ser tan eficaz en el trabajo como siempre, pero pasaba mucho tiempo en casa con mi hijo. Tuve que aceptar que no podía con todo».

En muchos casos, el equilibrio entre el trabajo y la familia no se consigue rápidamente con facilidad. MaryAnne, que tiene dos hijas, ha trabajado en una fundación durante más de diez años. Afirma que disfruta con su trabajo, pero cada vez le resulta más difícil reconciliar su identidad profesional con la «doméstica»: «Trabajo cuatro días a la semana, lo cual es factible para mí. Como madre trabajadora, lo que más me incomoda es que sólo me dedico al trabajo y a la familia. No tengo tiempo para nada más. Mientras las cosas vayan según lo previsto todo funciona bien. Pero si pasa algo o una de mis hijas se pone enferma todo se va al garete. Cuando estoy en casa me resulta difícil pensar en el trabajo, porque quiero dedicarme al cien por cien a mis hijas y pensar sólo en las cuestiones domésticas. En casa hay otras prioridades, y el ritmo es diferente. Así que si tengo que hablar con mi jefe o hacer una llamada de trabajo me siento arrastrada en dos direcciones opuestas. Me gusta mi trabajo, pero esa parte me resulta frustrante».

Soy yo la que está haciendo concesiones profesionales

Aunque nos resulte difícil, debemos recordar que el hecho de que decidamos hacer algo ahora no significa que no podamos hacer otras cosas más tarde.

Hasta que no cambien los papeles y las expectativas de los hombres, las mujeres seguiremos siendo las principales responsables del cuidado de la casa y los niños. Normalmente somos las madres las que hacemos ajustes en nuestras carreras para adaptarnos a las necesidades familiares. Esto se debe por una parte a las expectativas sociales, y por otra a que no queremos renunciar al protagonismo del papel maternal. En términos prácticos es difícil combinar dos carreras importantes y una familia. Muchas hemos reducido nuestros compromisos profesionales para estar disponibles cuando nuestros hijos nos necesitan. Aunque a algunas mujeres les sienta mal tener que hacer ajustes en su vida profesional, otras están dispuestas a bajar de categoría (al menos durante un período de tiempo) para implicarse más en la educación de sus hijos. Las que trabajan todo el día fuera de casa suelen compartir más responsabilidades con sus maridos. Sin embargo, como comprobó Arlie Hochschild en su estudio sobre padres trabajadores, somos nosotras las que organizamos las cuestiones familiares y domésticas aunque nuestros maridos colaboren.[25]

Las decisiones que tomamos respecto a nuestra vida familiar influyen en nuestra vida profesional. Antonia, abogada y madre de dos hijos, habla de los cambios que hizo en su carrera para atender a su familia: «Cuando mi hijo mayor tenía un año y medio acepté un trabajo de menor importancia. Hasta entonces trabajaba en una gran firma, y estaba orgullosa de estar allí, pero tenía que trabajar muchas horas y no había equilibrio en mi vida. Dejé esa firma por un empleo menos exigente. Era lo más adecuado para mi familia y mi matrimonio, pero me hizo retroceder profesionalmente. En el mundo judicial se menosprecia los lugares de menor prestigio. Tuve que pasar por una serie de trabajos de otro tipo para reconstruir mi carrera después de tener hijos».

Antonia dice que su marido también ha hecho cambios en su vida: «No soy la única que ha hecho concesiones. También mi marido ha asumido muchas responsabilidades. Colabora en igual medida que yo en las tareas domésticas y el cuidado de los niños, y dedica gran parte de su tiempo libre a estar con ellos. Hemos renunciado a cosas diferentes. En vez de buscar el puesto perfecto intentamos tener una vida feliz».

Aunque podamos hacer concesiones profesionales, no siempre nos agrada. Lucy, que trabaja como productora de vídeo a tiempo parcial y tiene un hijo de trece meses, dice que aunque estaba preparada para hacer cambios en su vida profesional aún le resulta difícil a veces: «No me apetecía trabajar todo el día después de tener a mi hijo, pero también pensaba que sería más llevadero trabajar a tiempo parcial. Me parece lógico que sea yo la que haga concesiones, porque no gano tanto como mi marido. Si consideramos el trabajo como un medio para mantener a la familia tiene sentido que él trabaje más que yo. Pero si pienso en el trabajo como un modo de conocer gente interesante y de ponerme a prueba a mí misma a veces me siento menospreciada. Sin embargo, sé que estoy simplificando lo que hace mi marido, porque tiene mucha presión como cabeza de familia».

Lucy prosigue: «De vez en cuando echo de menos el compromiso que conlleva hacer un trabajo interesante. Gano dinero trabajando a tiempo parcial, pero no puedo mejorar con lo que estoy haciendo. No puedo acceder a los proyectos más interesantes. Aunque echo de menos ese tipo de cosas no puedo volver a esa vida. Después de trabajar mucho para llegar donde estábamos, todas nos hemos visto obligadas a renunciar a nuestro estatus al ser madres. En cambio, nuestros maridos no han tenido que hacer eso al convertirse en padres».

Los esfuerzos que hacemos nosotras como madres no se valoran de igual modo que los que hacen nuestros maridos como padres. MaryAnne, que tiene dos hijas, ha reducido su horario de trabajo mientras su marido continúa trabajando toda la jornada. Así describe su situación familiar: «Mi marido y yo consideramos cambiar nuestros horarios para poder trabajar cuatro días a la semana. Yo creo que es importante que tomemos juntos ese tipo de decisiones laborales. Pero al final decidió que su trabajo le aportaba muchos beneficios psicológicos e intelectuales y que no le interesaba tanto como a mí quedarse en casa con los niños. Así que ha seguido trabajando ocho horas diarias y yo he sacrificado mi carrera. Las madres estamos sometidas a una gran presión. Por ejemplo, que mi marido pase un rato con los niños es algo fabuloso, mientras que si yo tengo que hacer un viaje de trabajo y duermo una noche fuera de casa me miran con recelo».

Aunque nos resulte difícil, debemos recordar que el hecho de que decidamos hacer algo ahora no significa que no podamos hacer otras cosas más tarde. Louise comenta cómo ha adaptado sus decisiones profesionales a su vida familiar: «Siempre he organizado mi trabajo en función de las necesidades de mis hijos. Mi marido no. Supongo que depende de cuánta energía tengas y a qué quieras dedicarla. Para mí es importante estar con mis hijos y divertirme con ellos. Me considero afortunada, porque tengo un trabajo interesante que no domina mi vida. Lo más difícil es mantener el equilibrio. Mi madre dice que la vida es muy larga y que se pueden hacer muchas cosas. Lo que hagas ahora no tiene por qué excluir otras opciones más adelante. Con un poco de suerte, me quedan treinta o cuarenta años de vida productiva en los que podré hacer un montón de cosas diferentes».

Necesito a alguien que cuide bien a mi hijo

Todas las opciones se deben valorar en función de sus ventajas y de las necesidades de cada familia.

A ninguna madre le agrada la idea de dejar a su hijo con otra persona. En un país en el que hay poco apoyo institucional para criar hijos, las nuevas familias deben buscar por su cuenta la mejor solución. Para las mujeres que vuelven a trabajar, el proceso de encontrar una buena guardería o una cuidadora de confianza puede ser desalentador. Al carecer de experiencia en este terreno no sabemos cómo evaluar las opciones que tenemos. Y como muchas hemos crecido en una época en la que la mayoría de las madres no trabajaban, no podemos basarnos en los valores tradicionales o en nuestra propia experiencia para tomar una decisión.[26] Todas las opciones se deben valorar en función de sus ventajas y de las necesidades de cada familia. Cuando nos sentimos seguras de que hemos decidido lo más adecuado para el bienestar de nuestros hijos podemos centrarnos en nuestro trabajo.

Esta decisión nunca es sencilla. Aliza, que tiene un hijo de un mes, piensa reincorporarse a su trabajo en una institución federal cuando cumpla tres meses: «Antes de tener a mi hijo no pensaba que me preocuparía tanto buscar a alguien que le cuidara, pero ahora me agobia muchísimo. Es tan pequeño que no me atrevo a dejarle con nadie. No sabía que un bebé podría ser tan vulnerable. Cerca de mi oficina hay una guardería, así que fui a verla. Me pareció un poco fría, aunque por otro lado sería estupendo tener a mi hijo tan cerca. La idea de contratar a una niñera tampoco me convence. ¿Cómo puedo estar segura de que la persona que elija es responsable y digna de confianza? Las niñeras no están acreditadas como las guarderías».

¿Cómo podemos encontrar a alguien de confianza para que cuide a nuestro hijo? Megan habla de lo difícil que le resultó entrevistar a las candidatas: «Me negué a aceptar que tenía que volver a trabajar casi hasta el último momento, y pospuse las entrevistas todo lo posible porque no quería pensar que iba a pagar a una desconocida para que cuidara a mi hijo. Ni siquiera sabía qué preguntas debía hacer a las niñeras. Una amiga me sugirió que les preguntara cómo pasarían un día normal. "¿Cómo paso yo un día normal?", me preguntaba a mí misma. Intento mantener contento a mi hijo y rezo para que eche la siesta. "Pregúntales qué harían si el niño se pusiera enfermo mientras tú estás trabajando", me dijo otra amiga. Al pensar que podía ponerse enfermo me entró pánico. Decididamente no podía volver a trabajar».

Aunque logremos encontrar una «Mary Poppins», puede que tampoco estemos satisfechas. Megan quería que su hijo tuviera una buena relación con su cuidadora, pero al mismo tiempo envidiaba que se llevaran tan bien: «Contraté a una mujer maravillosa que además de criar a sus hijos había cuidado niños durante diez años, pero no estaba preparada para que se integrara en la familia. Lo arreglé todo para que comenzara a trabajar una semana antes de reincorporarme al trabajo para que se adaptara a mi hijo y a la casa. Una buena cuidadora establece una relación independiente con el niño al que cuida, pero para mí fue muy doloroso. Odiaba estar en casa mientras me preparaba para ir a trabajar y oírlos jugando abajo. El primer día que le llevó al parque tuve que controlarme para no seguirles. Era mejor que fuera a trabajar, porque no soportaba ver cómo una desconocida a la que estaba pagando se encariñaba con mi hijo».

Algunas optan por las guarderías por su fiabilidad. Paula, que es directora de ventas, lleva a sus hijos, de año y medio y tres años, a una guardería cercana a su casa: «Decidí enviarlos a una guardería porque era una opción más estable que contratar a una niñera. Mi marido y yo tenemos unos trabajos muy absorbentes, y necesitábamos una alternativa con todas las garantías. A mis hijos les gusta porque allí juegan con niños de diferentes edades. Además es un centro creativo e innovador, y siempre están buscando cosas interesantes para los niños. Cuando estoy con ellos leemos, jugamos y charlamos tranquilamente. Como realizan muchas actividades durante el día no tengo que hacer ese tipo de cosas cuando vuelvo del trabajo. Al principio me preocupaba que no recibieran la atención necesaria, pero al ver lo contentos que van sé que están bien atendidos».

Me he quedado en casa para estar con mi bebé

Estar en casa con nuestros hijos exige flexibilidad y organización.

¿Cómo logra una mujer que ha trabajado toda su vida convertirse en madre a tiempo completo? Aunque muchas de nosotras siempre hemos querido ser madres, pocas aspirábamos a ser amas de casa. Hemos tenido que reconciliar el papel maternal tradicional con las ideas feministas con las que hemos crecido y la autoestima que hemos conseguido en el trabajo. La mayoría de las mujeres mayores que se quedan en casa han trabajado, y es muy probable que vuelvan a trabajar. Normalmente vemos este período «doméstico» como una fase más de nuestra vida. Hemos decidido quedarnos en casa para dedicar más tiempo y energía a nuestra pareja y nuestros hijos. Tenemos libertad para organizar nuestros horarios y (hasta cierto punto) cultivar nuestros intereses. Algunas disfrutamos creando un ambiente hogareño agradable y participando en la comunidad local. Como señalan las autoras del libro *Lifeprints*, el papel de madre a tiempo completo parece ir mejor a las que hemos tomado la decisión consciente de que, al menos por el momento, podemos satisfacer mejor nuestras necesidades y las de nuestra familia quedándonos en casa.[27]

El hecho de que nos quedemos en casa puede hacer que nos replanteemos nuestras necesidades y opciones profesionales. Eve, que trabajaba como gestora en una empresa antes de tener a su primer hijo, dice que ahora espera más del trabajo por los sacrificios que implica ser una madre trabajadora: «Cuando tuve a mi hijo e intenté evaluar mis expectativas profesionales decidí que un trabajo debía tener cuatro requisitos. En primer lugar tenía que ser estimulante y enriquecedor. En segundo lugar tenía que sentir que estaba participando en algo importante, por ejemplo prestando un servicio social. En tercer lugar el entorno debía ser agradable. Y por último tenía que merecer la pena económicamente. Cuando me di cuenta de que el empleo que tenía no cumplía esos requisitos decidí quedarme en casa. Si el trabajo no cumplía esas condiciones prefería estar en el parque con mi hijo».

La maternidad se convierte en una carrera para algunas mujeres. Leslie, que tiene dos hijos de tres y un año, trabajó en la industria textil durante diez años antes de ser madre. Cuando se quedó embarazada dejó de trabajar porque tenía que viajar mucho por todo el país. Así describe su situación actual: «Me gusta ser madre. Como profesional era una persona unidimensional. Era toda mi identidad. Ahora tengo algo que aportar al mundo. Algún día volveré a trabajar, pero no siento la necesidad de volver al mundo empresarial. Me encanta mi libertad. Me encanta poder fijar mis propios horarios, estar con mis hijos cuando es importante y viajar cuando quiero. Ahora mismo mi carrera es ser madre».

Estar en casa con nuestros hijos exige flexibilidad y organización. Rosemary, que era socia en un bufete de abogados, dejó su trabajo para quedarse en casa después de que naciera su segundo hijo. Le encanta tener flexibilidad para estar con sus hijos, pero también señala que es importante organizar la vida familiar: «Dejé de trabajar porque quería pasar más tiempo con mis hijos. Una de las cosas que he descubierto como madre es que en casa sólo hay organización si la impones tú. De lo contrario te pasas el día respondiendo a las necesidades de los demás. Mientras que en una oficina puedes centrarte en una tarea, el trabajo de una madre implica hacer muchas cosas al mismo tiempo. Por mi propio bien, he tenido que marcarme objetivos y organizarme para tener la sensación de que controlo de algún modo mi vida».

A pesar de los inconvenientes, quedarse en casa tiene sus recompensas. Dana decidió dejar de trabajar y volver a la universidad para poder pasar más tiempo con su hija: «Una de las cosas que más me gusta de ser madre es que soy mi jefa. Me encanta tomar mis propias decisiones. Después de tener tanta flexibilidad en mi vida me resultaría difícil volver a trabajar en una empresa. Me daba una gran satisfacción que mi hija creciera tan bien y que sólo tomara pecho, que sólo yo podía darle. Además, tener un bebé feliz era una recompensa maravillosa. Las respuestas de mi hija hacían que sintiera que estaba haciendo un buen trabajo como madre».

¿Cómo me valoro como madre?

*En muchos casos hay una tensión entre la responsabilidad
y el amor que sentimos hacia nuestros hijos, y las expectativas
que tenemos de usar la formación y las capacidades que hemos
adquirido en nuestra vida profesional cuando los niños crezcan.*

Aunque decidamos quedarnos en casa de buen grado, gran parte de nuestra identidad puede seguir estando unida a nuestro trabajo. Todas nos sentimos orgullosas de la experiencia, el nivel de retribución y el éxito que hemos conseguido en nuestras carreras. Por lo tanto, la transición del trabajo remunerado a una vida más centrada en la familia puede resultar difícil. Aunque nos agrade quedarnos en casa, no nos gusta la pérdida de estatus y de nivel económico que asociamos con el empleo. En muchos casos hay una tensión entre la responsabilidad y el amor que sentimos hacia nuestros hijos y las expectativas que tenemos de usar la formación y las capacidades que hemos adquirido en nuestra vida profesional cuando los niños crezcan. En contraste con la estructura y la respuesta que ofrece el trabajo, podemos sentirnos inseguras en nuestro papel de madres porque las pautas no están claras y no sabemos cómo medir los resultados. Además, puesto que nuestra capacidad y ambición profesional no desaparecen al quedarnos en casa, tenemos que buscar nuevas maneras de valorar nuestro trabajo como madres.

La transición inicial de la vida profesional a la doméstica puede ser dura. Veronica, que trabajó durante dieciséis años antes de tener un hijo, comenta lo difícil que le resultó adaptarse a su identidad de madre: «Después de tener a mi primer hijo intentaba explicarme quién era de un modo muy defensivo. Cuando conocía a alguien decía: "Ahora soy madre, pero antes era agente comercial". Por fin me di cuenta de que no tenía que justificar mi existencia sólo en el hecho de ser madre».

La rutina de la maternidad puede hacer que a veces nos preguntemos si nuestro nuevo trabajo es satisfactorio. Serena, que antes trabajaba en el mundo financiero, dice que aunque adoraba a su bebé a veces cuestionaba su decisión de quedarse en casa: «Era una contradicción terrible, sobre todo porque al principio estaba paranoica. No podía hacer mucho con mi hijo, excepto cambiarle, darle el pecho y jugar con él. Conseguía algo porque acababa contento al final del día, pero a veces no podía ni lavarme los dientes. Es curioso, porque siempre me ha encantado estar con mi hijo. Se trataba más bien de mis expectativas. Otras madres con las que solía hablar en el parque pensaban que era estupendo no trabajar, y se sentían bien con esa decisión».

Serena añade: «Mientras tanto, yo tenía la sensación de que no estaba haciendo nada. A veces me parecía que quedarse en casa no compensaba, y me preguntaba para qué había estudiado tantos años. Pensaba que no lo estaba haciendo bien, porque no era feliz. Un día hablé con una amiga que me dio una nueva perspectiva. Me dijo: "No vas a quedarte en casa para siempre. Poca gente tiene unas vacaciones de cinco años. Aprovecha la oportunidad". Puede sonar a tópico, pero para mí fue una revelación verlo de ese modo. Me costó un año y medio, pero ahora me siento bien en casa. Y me he dado cuenta de que no hay que esperar ningún reconocimiento. No vas a conseguir una buena nota ni nada parecido. Tus hijos no te van a decir: "Buen trabajo, mamá". Se trata de encontrar una satisfacción interior por lo que estás haciendo».

Aunque no seamos conscientes de ello, lo que hacemos día a día es nutrir nuevas vidas. Cynthia dio muchas vueltas a su decisión de dejar de trabajar, pero ahora agradece tener la oportunidad de estar tanto tiempo con sus hijas: «Valoro mucho la maternidad, y me siento feliz por poder quedarme en casa. Quien está con nuestros hijos es quien más influye en ellos. Criar hijos es una gran responsabilidad. Yo he asumido esa responsabilidad y la valoro. Intento educar a mis hijas para que sean buenos seres humanos. Eso es muy importante para la sociedad, porque queremos que en el mundo haya gente que trate a los demás con respeto. En ese sentido me siento satisfecha».

Irónicamente, valorarnos como madres significa a veces valorar otros aspectos personales que no tienen nada que ver con la maternidad. Joan, que ha vuelto a la universidad para poder cambiar de carrera, cree que es importante tener intereses más allá de la familia: «Ser madre es muy satisfactorio emocionalmente. Me encanta estar con mis hijos y verlos crecer. Disfruto mucho con sus pequeños logros, desde coger una cuchara hasta atarse los zapatos. Pero también me siento satisfecha con otro tipo de cosas. A veces trabajo como voluntaria, y me gusta que me aprecien por mi capacidad y mi inteligencia. Quiero que mis hijos sean buenas personas, pero no obtengo toda mi satisfacción de mi papel de madre. Los niños necesitan ver que sus madres hacen otras cosas en la vida además de lavar la ropa o ir al parque».

Quiero sentirme segura económicamente

El cambio en nuestro nivel de ingresos suele exigir que lleguemos a un acuerdo con nuestros maridos para no sentirnos vulnerables económicamente.

A todas las madres nos preocupa nuestra seguridad económica. Al haber trabajado antes de tener hijos, estamos acostumbradas a que nos paguen por nuestros esfuerzos. Nos gusta que nos compensen por un trabajo bien hecho y disfrutamos de la independencia que proporciona el dinero. Las mujeres que siguen trabajando consideran importante cobrar un sueldo y saber que pueden mantener a sus hijos. El hecho de tener ingresos propios nos da una sensación de control.

Las mujeres que se quedan en casa se suelen sentir incómodas por no contribuir a la economía familiar. Después de habernos ganado la vida con nuestro trabajo puede asustarnos acabar dependiendo del sueldo de nuestro marido. Firmar cheques constantemente sin ganar dinero resulta un poco extraño. El cambio en nuestro nivel de ingresos suele exigir que lleguemos a un acuerdo con nuestros maridos para no sentirnos vulnerables económicamente. Y algunas de las que nos hemos quedado en casa nos estamos esforzando para mantenernos al día en nuestra profesión para no estar desfasadas cuando volvamos a trabajar.

En algunos casos, cuidar a la familia incluye sostenerla económicamente. Antonia, que siempre ha trabajado a tiempo completo, comenta lo importante que es para ella saber que puede mantener a sus hijos: «Soy una madre trabajadora. Nunca me he planteado dejar de trabajar, en parte por motivos económicos. Me da miedo no tener suficiente dinero. Al trabajar sé que puedo dar a mis hijos lo que necesitan. Quiero tener suficiente dinero para darles una buena educación sin acabar endeudada».

La necesidad de ser independientes económicamente hace que muchas madres sigan trabajando. MaryAnne, que trabaja a tiempo parcial, dice: «Trabajo sobre todo por razones económicas. Ganar un sueldo hace que me sienta más segura. No es sólo por el dinero, sino porque de ese modo contribuyo a la economía familiar al margen de lo que aporte mi marido. A veces me pregunto cómo sería nuestra relación si yo no trabajara. Mis padres están divorciados, y para mí es importante saber que tengo ingresos propios en el caso de que ocurra algo. Me resultaría muy difícil estar en una situación de dependencia económica».

El cambio en nuestro estatus financiero también afecta a nuestros maridos. Shannon se pregunta cómo va a mantener la relación de igualdad con su marido ahora que ha decidido dejar de trabajar para quedarse en casa con su hija de seis meses: «Mi marido y yo nos conocimos en la universidad y comenzamos a trabajar juntos, así que nos relacionamos como colegas. Siempre he tenido un buen sueldo, y me gustaba que hubiera igualdad entre nosotros. Aún no sé cómo va a afectar a nuestra relación que yo no trabaje. No quiero que cambien las cosas cuando deje de trabajar. Puede que no sea muy realista, pero espero recibir el mismo trato aunque ya no gane dinero. Mi marido será el que sustente a la familia, pero sé que yo también podría hacerlo si fuera necesario. De hecho, creo que nuestra relación mejorará porque tendremos menos presiones que cuando trabajábamos los dos».

Las tensiones en nuestra relación pueden aumentar cuando dejamos de trabajar para quedarnos en casa con nuestros hijos. Linda, que trabajaba como arquitecta antes de ser madre, habla de lo difícil que resulta dejar de contribuir económicamente: «El hecho de tener un hijo fue como una bomba en la relación con mi marido. Ahora hay un nivel de tensión que no había antes. Para él es muy duro que yo no trabaje y que toda la carga económica recaiga sobre sus hombros. Y mi autoestima cayó en picado cuando dejé de trabajar para quedarme en casa con los niños. No tenía dinero propio, y me sentía fatal. Mi marido jamás me ha dicho que me cuide y que coja lo que necesite, así que he tenido que aprender a hacerlo por mi cuenta».

Lindsey, que está en casa con sus dos hijos, dice que tiene que asegurarse de que su marido comprenda su trabajo como madre y lo respete aunque no tenga un sueldo: «Llegó un momento en el que tuve que decirle: "Tú vas a una oficina y cobras por llevar esa oficina. Mi trabajo como madre consiste en ocuparme de la casa y los niños. Por cierto, yo no cobro, así que estaría bien que me dieras las gracias de vez en cuando". He comprobado que si hago eso cada cierto tiempo no me siento mal porque no me paguen por mi trabajo, y mi marido aprecia lo que hago por la familia».

¿Se sienten culpables todas las madres?

Es difícil encontrar el equilibrio. No es difícil ser madre, pero sí hacerlo bien.

¿Por qué nos sentimos culpables? Aunque estemos razonablemente satisfechas con las decisiones que hemos tomado respecto al trabajo y la familia, hay veces en las que nos cuestionamos si estamos haciendo lo correcto. Las madres que han decidido quedarse en casa se sienten culpables por haber renunciado a su trabajo para estar todo el tiempo con sus hijos. Envidian a las madres trabajadoras porque pueden ir a la oficina y llamar por teléfono sin que nadie les tire de la pierna. Y las madres trabajadoras se sienten culpables por no pasar con sus hijos todo el tiempo que «deberían», y les gustaría poder hacer un descanso en mitad del día para ir con ellos a pasear.

Estas autocríticas provienen de una cultura en la que se asume que las madres somos las responsables del bienestar de nuestros hijos y en la que se considera a los niños un reflejo de nosotras mismas. Nuestra inseguridad nos lleva a justificar nuestras decisiones y a juzgar a las mujeres que han tomado una decisión diferente. Pero como afirman Michaels y McCarty en su libro *Solving the Work/Family Puzzle*: «Si tus prioridades reflejan tus valores y el tiempo que dedicas a cada papel refleja tus prioridades, es mucho menos probable que tengas conflictos de identidad y te sientas culpable». En vez de centrarnos en la «culpa», las autoras nos proponen que analicemos si la causa de nuestra culpabilidad es real o imaginaria. Si hay un problema real tenemos que solucionarlo, y si es imaginario deberíamos olvidarnos de él.[28]

Las madres que trabajan todo el día fuera de casa suelen preguntarse si no estarán renunciando a demasiadas cosas al no estar con sus hijos, sobre todo si son muy pequeños. Amy dice: «Trabajo porque lo necesito. Pero a veces pienso que no estoy asumiendo la responsabilidad de educar bien a mi hija. No sé si debería relajarme o trabajar más durante un tiempo para poder dejarlo y no tener que preocuparme tanto. Si hago eso, ¿no me arrepentiré? Tener un hijo es maravilloso. No hay muchas oportunidades tan extraordinarias en la vida. Pero tienes que seguir viviendo, ganar dinero, mantener tu matrimonio, ser una buena amiga y tener una vida social. Es difícil encontrar el equilibrio. No es difícil ser madre, pero sí hacerlo bien».

Como es lógico, todas queremos ser la mejor madre posible. Cuando Serena comenzó a tener náuseas en su segundo embarazo creía que no estaba siendo una «buena madre» para su primer hijo: «Decidí quedarme en casa. Sacrifiqué mi vida profesional para estar en casa con mis hijos, y pretendía hacer las cosas bien. Durante el primer trimestre de mi segundo embarazo me encontraba fatal, así que no hacía mucho con mi hijo, y me sentía muy culpable. Además de estar mal me sentía culpable, y no dejaba de pensar: "Si estoy en casa con mi hijo deberíamos hacer más cosas juntos. Hoy sólo le he estimulado una vez". Por fin me di cuenta de que estaba haciendo todo lo posible dadas las circunstancias y que aquello no iba a durar para siempre».

¿Cómo afecta a un niño el hecho de que su madre trabaje? Elaine tiene un trabajo de gran responsabilidad que le exige viajar mucho. Le encanta su profesión, pero no deja de observar a su hijo de dos años para ver si su trabajo le está afectando de forma negativa: «A veces me pregunto si le afectará que trabaje. La semana pasada estuve pensando en eso en un viaje de trabajo porque vi a una madre paseando con un niño pequeño. Pensé que sería estupendo poder pasear con mi hijo a media tarde. ¿Sería más feliz si hiciera esas cosas? Yo creo que no. Le observo mucho para ver si se siente abandonado, pero parece estar bien. Estoy orgullosa de que esté bien a pesar de que viaje mucho. Quiero pensar que es por cómo le estamos educando mi marido y yo. Es un niño sano y feliz, y espero que siga así toda su vida».

Incluso las madres que se quedan en casa piensan a veces que no están lo suficiente con sus hijos. Doreen, madre de tres hijos, se siente culpable por no pasar más tiempo con ellos: «No trabajo fuera de casa porque ahora mismo mis hijos me necesitan. Pero todos los días tengo que salir un rato, y no les veo todo lo que quisiera. Por otro lado no haría nada si no saliera. Es algo que me preocupa, pero mis hijos parecen felices y están creciendo bien».

Quiero trabajar de otro modo

Decidamos quedarnos en casa, seguir trabajando o combinar ambas cosas, lo más importante es determinar nuestras prioridades y actuar en consecuencia.

La necesidad es la madre de la imaginación. O puede que las madres sean necesariamente imaginativas. En cualquier caso, es impresionante la creatividad con la que las mujeres han abordado la cuestión del trabajo y la familia. Al ser incapaces de trabajar como cuando no teníamos responsabilidades maternales, tenemos que encontrar nuevas maneras de trabajar. Cada vez hay más empresas que están adoptando políticas familiares para ayudar a sus empleadas a resolver este tipo de conflictos. Como madres estamos cambiando nuestros horarios con empleos a tiempo parcial, jornadas flexibles, semanas comprimidas y trabajando desde casa para adaptarnos a nuestras familias. Muchas han dejado el mundo empresarial para convertirse en trabajadoras autónomas, trabajar en compañías más pequeñas o montar su propio negocio. De hecho, el número de negocios dirigidos desde casa por mujeres se ha multiplicado por diez desde 1980.[29] Y algunas hemos abandonado del todo el mercado laboral y estamos utilizando nuestros recursos profesionales en trabajos cívicos o voluntarios.

La mayoría de las que nos hemos quedado en casa tenemos intención de volver a trabajar cuando nuestros hijos crezcan. Sin embargo, casi todas queremos hacer algo diferente a lo que hacíamos antes. El principal requisito para cualquier futuro trabajo es la flexibilidad. Muchas esperamos trabajar al margen de una estructura corporativa para poder controlar mejor nuestros horarios y no tener que someternos a las normas de las grandes compañías. Y pretendemos desarrollar nuevos intereses profesionales cuando nos reincorporemos al mundo laboral.

Tener hijos suele ayudarnos a determinar nuestras prioridades profesionales. Deborah, que trabaja como asesora, tuvo a su hijo con cuarenta y un años. Se sentía satisfecha con su vida profesional, pero decidió cambiar de trabajo para poder centrarse en su papel de madre: «Enseguida me di cuenta de que por mucho que me esforzara nunca iba a ser suficiente. Mis prioridades estaban claras. Me gustaba mi trabajo, pero no podía dar más de mí para satisfacer sus exigencias. Cuando recibí una oferta de otra compañía comencé a comprender que el trabajo que tenía era inaceptable. Acepté la oferta, y ahora estoy en una compañía en la que no tengo tantas presiones. Trabajo el mismo número de horas, pero son mucho más gratificantes y productivas. Además mi hijo es una excusa perfecta. Puedo decir "no" a muchas cosas que no habría podido rechazar sin él».

Aunque no cobremos por trabajar, nuestros recursos profesionales pueden beneficiar a otras personas, y a nosotras mismas. Rachel trabajó durante once años antes de ser madre. Dice que no tiene intención de volver a trabajar si no es necesario, y ha decidido aplicar su capacidad profesional al sector del voluntariado: «Antes de tener hijos trabajé mucho, y ahora quiero centrarme en ellos. Me da muchas satisfacciones. Mi hija es muy buena y cariñosa. El hecho de que esté en casa es muy importante para ella. A veces también trabajo como voluntaria, y me satisface saber que estoy ayudando a los demás. No me aburro, porque hay muchas cosas que quiero hacer además de volver a trabajar. Creo que podría ser muy feliz sin tener un trabajo remunerado».

A veces quedarnos en casa con nuestros hijos nos permite hacer cosas que no haríamos de otro modo. Diane, que está escribiendo una novela después de trabajar durante muchos años en el campo financiero, dice que el trabajo de escritora encaja bien con el papel de madre: «Siempre me ha interesado escribir, así que ahora estoy combinando algo que me gusta con la flexibilidad que necesito como madre. Para mí es importante tener la sensación de que hago algo por mí misma aparte de mi marido y de mis hijos. Como muchas mujeres, tengo otro tipo de intereses y no me veía en el mismo trabajo toda la vida. Centrarse en un solo proyecto limita demasiado. Prefiero desarrollar una amplia gama de actividades, y me emociona cambiar de dirección».

En una inversión de los papeles tradicionales, Sally mantiene a su familia y su marido está en casa con los niños, de tres y un año. Así describe su situación: «Cuando nos casamos pensábamos que yo podría trabajar a tiempo parcial o desde casa porque mi trabajo era más flexible que el suyo. Con el tiempo resultó que a largo plazo mi carrera profesional tenía mejores perspectivas y era más satisfactoria. No imaginábamos que yo iba a trabajar y él iba a quedarse en casa todo el día, pero así han salido las cosas. Como madre trabajadora, lo que más me ha costado aceptar es que mis hijos buscan a su padre cuando se hacen una herida en la rodilla o se dan un golpe. Por otro lado, ven a su madre como una persona especial. Mis hijos están bien cuidados, reciben cariño y se sienten seguros. Para ellos es normal que mamá trabaje y papá esté en casa. Siempre ha sido así».

Las capacidades que desarrollamos como madres pueden mejorar nuestra capacidad profesional. Lindsey dejó su trabajo después de tener a su segundo hijo y piensa volver a trabajar cuando los niños sean más mayores: «He llegado a la conclusión de que soy una mejor persona gracias a mis hijos, y de que ser madre hará que trabaje mejor. Con los niños estoy mejorando mi capacidad de organización, planificación y delegación. Voy a poner "Madre" en mi currículum cuando vuelva a trabajar. Quiero que la gente sepa lo que he estado haciendo, porque sé que me va a ayudar a trabajar mejor. Algunos se reirán, pero otros se detendrán y me dirán que les hable de eso».

El hecho de haber trabajado antes de convertirnos en madres hace que nuestras decisiones respecto al trabajo sean complejas y muy personales. Decidamos quedarnos en casa, seguir trabajando o combinar ambas cosas, lo más importante es determinar nuestras prioridades y actuar en consecuencia. Si nuestras decisiones reflejan nuestros valores personales y podemos dar a nuestros hijos lo mejor de nosotras mismas sin olvidar quiénes somos nos sentiremos más felices. Cuanto más hablemos con otras madres de cómo se puede equilibrar el trabajo y la familia menos nos juzgaremos unas a otras. Todas tenemos que esforzarnos para encontrar el equilibrio adecuado para nuestras familias. Y debemos ser flexibles, porque el equilibrio que logremos establecer hoy puede que no nos sirva más adelante. Por último, debemos reconocer que, aunque no siempre resulta fácil, tenemos la suerte de vivir en una época en la que hay muchas opciones para compaginar el trabajo y la maternidad.

CUATRO

Tener un hijo ha cambiado la relación con mi marido

¿Quién tiene la madurez suficiente antes de tener hijos? El mérito del matrimonio no es que los adultos creen niños, sino que los niños creen adultos.
PETER DE VRIES

> *Lo más importante que puede
> hacer un padre por sus hijos
> es querer a su madre.*
> THEODORE HESBURGH

Mientras estamos centradas en nuestra transición como nuevas mamás solemos olvidarnos de que nuestras parejas experimentan también su propia transición. Al tener hijos con cierta edad tenemos las cosas más claras y sabemos cómo *deberían* actuar nuestros maridos como padres. Como miembros de una pareja casada sin hijos teníamos amigos e intereses distintos a los de nuestros maridos, y mucho más tiempo para dedicarnos a ellos. (¿Por qué no lo apreciábamos más entonces?) Pero al convertirnos en padres nuestras vidas se entrelazan de forma significativa. A nivel emocional estamos más cerca por la responsabilidad y el amor que sentimos por nuestro hijo. Y a nivel práctico las necesidades familiares exigen la atención de dos adultos comprometidos.

Paradójicamente, tener un hijo puede consolidar nuestra relación y separarnos al mismo tiempo. Las tensiones surgen porque los hombres y las mujeres solemos ver las responsabilidades paternales de distinto modo y tenemos prioridades y necesidades contrapuestas. Es angustioso que las tensiones normales de la paternidad hagan que nuestra relación sea una causa de fricciones en lugar de una fuente de bienestar. ¿Por qué no pueden nuestros maridos leernos la mente y prestar atención a nuestras necesidades? ¿Por qué nos parece que sólo hablamos con ellos de cuestiones de organización familiar? Sin embargo, si nos unimos y afrontamos este período de transición como aliados podemos lograr que nuestra relación de pareja sea más rica y sólida.

A mi marido le asustan los bebés

Al haber crecido en una época en la que los hombres apenas se ocupaban de los niños, nuestros maridos no han visto a sus padres ejercer como tales.

Mientras nosotras intentamos cogerle el truco a la maternidad, nuestros maridos se embarcan en la nueva experiencia de convertirse en padres. A los hombres les suele costar más adaptarse a la paternidad, y a muchos les intimidan los recién nacidos. Al haber crecido en una época en la que los hombres apenas se ocupaban de los niños, nuestros maridos no han visto a sus padres ejercer como tales. De hecho, Jay Belsky comprobó en su estudio de nuevos padres que el 70 por ciento de los hombres tardaban más que las mujeres en sentirse unidos a sus hijos.[30]

La incomodidad de un marido con su bebé puede reflejar la ambivalencia que sienten muchos nuevos padres hacia las responsabilidades paternales. Samantha, que tiene tres hijos, habla de cómo se comportaba su marido con ellos: «Al principio le costó asumir su responsabilidad como padre. Tiene su propio negocio, y está acostumbrado a las responsabilidades. Pero no hay mayor responsabilidad que cuidar a un niño. Con nuestro primer hijo estaba muy asustado, y yo me sentía culpable por hacerlo casi todo. Pero con el segundo y el tercero mejoró mucho. Ahora acepta a los niños y se siente con ellos mucho más cómodo».

Afortunadamente, esa incomodidad se supera con la experiencia. Joyce, madre de dos hijos, dice: «A mi marido le costó mucho más que a mí aprender a ser padre porque yo estaba todo el día en casa y él no. Ésa es la razón principal. La que pasa más tiempo con los niños soy yo, y por eso me siento cómoda como madre. Él va a trabajar todos los días, y les ve mucho menos. Tengo que recordármelo a mí misma cada vez que mis expectativas respecto a él se alejan de la realidad».

Joyce comenta que su marido también se ha relajado con sus hijos a medida que han ido creciendo: «Me encanta ver que cada vez está más cómodo con ellos. Cuando eran muy pequeños le asustaban un poco. No es que no les quisiera, pero no empezó a relacionarse con ellos hasta que cumplieron un año. Yo creo que siente que cada vez que tengo un hijo pierde una parte de mí, y estoy segura de que le resulta muy duro».

Ser padre ha cambiado a mi marido

A veces nos conmueve la fuerza, la vulnerabilidad y la sutileza que muestran al ejercer como padres.

Aunque pensemos que es a nosotras a quienes más afecta el hecho de tener un hijo, nuestros maridos también experimentan cambios que alteran su identidad, comportamiento y prioridades. Antes conocíamos a nuestras parejas como hombres y maridos, pero ahora que también son padres los vemos de un modo diferente. Y aunque muchos nuevos papás no están siempre a la altura de nuestra imagen ideal de la paternidad, podemos descubrir aspectos de su personalidad que no sabíamos que existían. A veces nos conmueve la fuerza, la vulnerabilidad y la sutileza que muestran al ejercer como padres.

Cuando se convierten en padres, muchos hombres desarrollan cualidades insospechadas. Dana, que tiene una hija de dos años y medio, habla de cómo le ha influido a su marido el hecho de ser padre: «Se está ablandando en un sentido positivo. Es una persona muy cerebral, pero está aprendiendo a ver las cosas con otra perspectiva. A veces le resulta difícil sintonizar con nuestra hija. Me alegra ver que está empezando a conectar con ella. Es estupendo que se abra cada vez más».

Desarrollar nuevas maneras de afrontar la vida puede ser costoso. Stacey habla de la transición que han experimentado su marido y su relación de pareja al convertirse en padres: «Mi marido era mucho más espontáneo antes de tener a la niña. Ahora tiene que planificar su carrera y cómo vamos a vivir. El primer año de adaptación le resultó muy duro. Estaba resentido porque echaba de menos el deporte y todo lo que solía hacer. A mí me sorprendía, porque yo no me sentía así aunque tampoco hiciera lo que hacía antes. Para mí tener una hija pequeña es una fase. Llegará un momento en el que podamos compartir con ella nuestros intereses. Con el tiempo mi marido ha conseguido integrar esta nueva vida en su antigua vida, y le encanta ser padre».

Ver cómo nuestros maridos se convierten en padres responsables y cariñosos suele hacer que aumente nuestro respeto por ellos. Lo que más le impresiona a Valerie es la capacidad de su marido para establecer una relación de afecto con sus hijos sin haber tenido modelos de referencia en su infancia: «Estoy viendo aspectos de mi marido que no había visto nunca. Mi principal temor cuando nos casamos era que había crecido en una familia muy diferente a la mía, y no sabía qué ocurriría cuando formáramos la nuestra. Pero es un padre fantástico y un modelo estupendo para los niños. Para él es maravilloso tener hijos, porque ha tenido un efecto terapéutico. Estoy aprendiendo mucho de él, y cada día le respeto más. Aunque no estemos juntos tanto como antes ese respeto ha fortalecido nuestro amor, que está creciendo gracias a nuestros hijos».

¿Es ésta la persona con la que me casé?

Una de las paradojas de ser padres es que podemos sentirnos más cerca o más lejos el uno del otro.

Los primeros meses de paternidad pueden ser muy duros para el matrimonio, porque los dos miembros de la pareja tienen que aprender a ser una familia en vez de dos adultos que llevan vidas compartidas pero separadas. Belsky observó en su estudio que como nuevos padres compartimos nuestro amor por el bebé y un nueva visión de nosotros mismos como responsables de su vida. Sin embargo, también advirtió que las madres y los padres tenemos diferentes preocupaciones y necesidades. Las mujeres esperamos que nuestra pareja nos ayude a cuidar del niño y se implique emocionalmente en la vida familiar. Según Belsky, nuestros maridos necesitan sentirse seguros económicamente y continuar teniendo atención y afecto por nuestra parte además de tiempo libre.[31]

En muchos casos las tensiones aumentan porque las cuestiones que se podían ignorar antes de tener un hijo no se pueden seguir pasando por alto. Gran parte de los conflictos provienen de nuestras expectativas respecto a los papeles que pensábamos desempeñar al ser padres. Como madres mayores acostumbradas a llevar nuestra propia vida tenemos que adaptarnos a la responsabilidad que supone cuidar a un recién nacido y nos puede molestar la relativa «libertad» que siguen teniendo nuestros maridos. Nos parece increíble que se levanten un sábado por la mañana y vayan a correr sin pensar siquiera quién va a ocuparse del niño. Sin embargo, también ellos tienen expectativas y tensiones. Soportan una gran presión en el trabajo y necesitan «descansar» cuando llegan a casa. Además, la mujer con la que se casaron está obsesionada con la criaturita y ya no tiene tiempo para ellos.

Una de las paradojas de ser padres es que podemos sentirnos más cerca o más lejos el uno del otro. Leslie recuerda lo mucho que quería a su marido cuando tuvieron a su hijo y lo distante que se sintió de él los primeros meses: «Tengo un vídeo en el que estoy en el hospital con mi hijo llena de amor y emoción, diciendo que es el día más feliz de mi vida, tanto como el día que me casé con mi marido. Era un entrenador estupendo, y estaba tan enamorada de él que me preguntaba cómo se podían separar las parejas después de crear una nueva vida juntos. Me parecía increíble que estuviéramos tan unidos gracias a aquel bebé. Era tan feliz que no deseaba nada más».

Leslie prosigue su historia: «Al cabo de seis días comencé a tener problemas con el pecho. Estábamos tan convencidos de que era lo mejor para nuestro hijo –mayor coeficiente intelectual, mejores resultados en las pruebas de aptitud– que nos sentó fatal que no funcionara. El niño empezó a perder peso. Un día que yo estaba desesperada mi marido se fue a un partido de fútbol. Cuando volvió a casa le dije que no me importaría no volver a verle. Me sentí así durante unos siete meses. Él me daba lo mismo porque tenía un bebé al que adoraba. Al pensarlo después me di cuenta de que tenía que ver con mis expectativas. Yo no era la madre ideal, pero seguía esperando que él fuera un padre ideal. Ahora tengo expectativas más realistas respecto a los dos, y creo que estaremos juntos para siempre».

El hecho de que las madres centren su atención en el bebé y los padres se sientan excluidos es un problema habitual. Gina describe el proceso por el que pasaron ella y su pareja después de que naciera su hijo: «Tener un bebé creó mucha tensión de forma inmediata, porque mi marido pensaba que dedicaba toda mi atención al niño y no le hacía caso a él. Los primeros seis meses fueron muy difíciles. Volví a trabajar al cabo de tres meses, así que apenas teníamos tiempo para estar juntos. Él se sentía abandonado emocionalmente y discutíamos por cualquier cosa. Yo estaba siempre agotada, y necesitaba que alguien me preparara la cena y un baño caliente. Mi marido se sentía ignorado la mayor parte de las veces. Poco a poco lo superamos porque nos queremos mucho. Aprendimos a hablar con calma de lo que nos preocupaba, y cuando había un conflicto no explotábamos. Yo empecé a dormir más, lo cual ayudó mucho, y él hizo un esfuerzo para ser más comprensivo. Con el tiempo conseguimos tener una relación más equilibrada».

Aunque la mayoría esperamos que nuestros maridos contribuyan a la economía doméstica, que trabajen más cuando los niños son pequeños puede afectar a la relación. Ellos asocian el trabajo con la seguridad económica, mientras que nosotras lo vemos como una forma de alejarse de la familia. Barbara habla de las tensiones que hay en su vida familiar ahora que ella no trabaja fuera de casa: «Nuestro principal problema es el dinero. Antes de tener hijos nunca discutíamos por eso. Yo estaba acostumbrada a ganar un sueldo, y la verdad es que el dinero es poder y una manera de definir la valía personal. Ahora tengo una especie de paga, y no me gusta que me digan en qué puedo gastarla. Pero es difícil, porque mi marido no tiene ni idea de lo que cuesta llevar una casa, así que no puede imaginar dónde va el dinero. Eso es lo que provoca ahora muchas discusiones».

En muchos casos, la claridad en la comunicación reduce los desacuerdos maritales. Cynthia, que no ve la paternidad como su marido, dice que ha tenido que aprender a expresar sus necesidades y prioridades con más claridad desde que es madre: «Recuerdo que cuando nació mi primera hija me enfadaba mucho con mi marido. Ahora sé que no va a hacer nada como lo hago yo, pero no me importa siempre que las niñas estén bien. También sé que tengo que especificar lo que quiero que haga. Soy muy clara. En vez de enfadarme porque no satisface mis expectativas se las explico. Si tengo que ir por la noche a una reunión le digo que quiero que las niñas estén en la cama para cuando vuelva. Puede que no se laven los dientes, pero al menos se acuestan a la hora habitual. En vez de darle una lista de tareas, le planteo la más importante y la lleva a cabo».

Sin duda alguna, cuando tenemos un hijo hay más tensiones en nuestra relación. Es normal que haya cierto desencanto, sobre todo en las fases iniciales, porque tenemos que aprender a adaptarnos a nuestros nuevos papeles. Pero con el tiempo encontramos la manera de comunicarnos mejor con nuestros maridos, establecemos prioridades comunes y resolvemos nuestros desacuerdos de un modo más satisfactorio para los dos.

Discutimos más que antes

En su estudio, Belsky observó que el reparto de las tareas domésticas provoca tantas discrepancias porque el trabajo que exige ocuparse de la casa y los niños aumenta de forma significativa.

La mayoría de las discusiones durante el período del posparto se centran en quién va a ocuparse del bebé y quién va a sacrificar su vida profesional para adaptarse a las necesidades familiares. Antes de tener un hijo, muchas considerábamos el matrimonio como una relación entre iguales y, por lo tanto, esperábamos que la aportación de nuestra pareja a la paternidad fuera similar a la nuestra. Sin embargo, cuando tenemos un bebé, para nuestra sorpresa acabamos desempeñando los papeles tradicionales. A la hora de la verdad, son las madres, incluidas las madres trabajadoras, las que se encargan de organizar la casa y la familia mientras los padres se dedican a ganar dinero. Es mamá la que compra los pañales, coordina los horarios y se asegura de que el niño vaya a las revisiones médicas. Como consecuencia de estas responsabilidades, somos nosotras las que hacemos concesiones en nuestras carreras. Aunque algunas lo hacen gustosas, a otras les desagrada tener que retroceder profesionalmente y culpan por ello a sus maridos.

En su estudio, Belsky observó que el reparto de las tareas domésticas provoca tantas discrepancias porque el trabajo que exige ocuparse de la casa y los niños aumenta de forma significativa. Una pareja sin hijos hace una colada a la semana, prepara dos comidas diarias y limpia la casa dos veces por semana. Una familia con un bebé hace cuatro o cinco coladas por semana, prepara cuatro comidas diarias y limpia la casa una vez al día,[32] a lo que hay que añadir el cuidado del niño. No es extraño que el reparto de faenas se convierta en un problema.

Algunas tensiones provienen de las normas y las expectativas que teníamos respecto a la paternidad. Mientras las mujeres nos comparamos con nuestros maridos y pensamos que no se ocupan de los niños tanto como nosotras, ellos pueden compararse con sus padres y creer que hacen mucho. Y mientras nosotras intentamos equilibrar nuestras carreras e intereses con la vida familiar, incluso los maridos más respetuosos pueden esperar que nos comportemos como las mujeres de la generación de sus madres, que normalmente se centraban en los niños y la casa de forma exclusiva.

A la mayoría de los nuevos padres les resulta difícil compartir el cuidado de la casa y el bebé. Amy habla de su situación: «Cuando tuvimos a nuestra hija hubo cosas que se convirtieron en problemas. Por ejemplo, yo trabajo todo el día fuera de casa, y me ocupaba del 80 por ciento de las responsabilidades domésticas. Lo había hecho durante años, y no me importaba. Pero al tener a la niña empezó a agobiarme. Odiaba tener que hacer esas cosas, porque quería pasar más tiempo con mi hija».

También puede haber problemas cuando las madres quieren descansar de sus obligaciones cotidianas. Joanne, que tiene dos hijos, dice: «Estoy todo el día en casa, y no me importa estar ocupada a todas horas. Los conflictos que tengo con mi marido surgen los fines de semana, cuando estamos los dos en casa, los dos necesitamos descansar y los niños acuden a mí cada vez que necesitan algo. Soy incapaz de relajarme. Espero que esto mejore, porque ya le he dicho cómo me siento y qué puede hacer para liberarme de esa carga».

Si compartimos muchas responsabilidades paternales a veces también tenemos que renunciar a nuestra autoridad en algunos asuntos familiares. Teresa dice: «Al coger la baja maternal comencé a ocuparme de todas las tareas domésticas. Acabé asumiendo un montón de responsabilidades sin darme cuenta. Incluso cuando volví a trabajar me encargaba de esas cosas, y tenía que pararme a pensar dónde estaba el equilibrio. Pero he aceptado mi responsabilidad por llevarlo de ese modo. Hay cosas que quiero hacer de una manera determinada. Cuando tengo que hacer un viaje de trabajo y se queda mi marido a cargo de la casa el programa cambia, pero no me queda más remedio que respetarlo. Tengo la suerte de que mi marido quiera implicarse, aunque a veces me resulta muy difícil».

Ajustar la vida profesional para adaptarla a la vida doméstica es un proceso continuo. Rebecca, que a los treinta y cinco años está embarazada de su segundo hijo, habla de las tensiones que hay en su matrimonio por las concesiones que está haciendo en su carrera: «Trabajo fuera de casa, y aunque ha habido momentos difíciles lo tenemos todo bien organizado y las cosas funcionan. Tener dos hijos va a ser mucho más caro, y mi marido va a viajar más por su trabajo, así que soy yo la que tengo que hacer cambios para estar más tiempo en casa. Estoy un poco resentida por eso, pero no veo que podamos hacerlo de otra forma. Yo creo que si nos mantenemos centrados en nuestras prioridades todo saldrá bien».

El resentimiento puede aumentar si nos sentimos más atadas al bebé que nuestros maridos. Jocelyn comenta: «Antes de que naciera nuestro hijo mi marido decía que tener un bebé no tenía por qué cambiarnos la vida. Ahora reconoce que da mucho trabajo. Sin embargo, la semana pasada se fue a jugar al baloncesto con sus amigos. Me puse furiosa. No lo comprendía, hasta que me di cuenta de que él podía salir sin más. A mí no se me ocurriría hacer algo así. Pero él puede marcharse sin molestarse en decir: "¿Quieres que me quede con el niño para que salgas un rato?". A veces me gustaría decirle que yo también necesito tiempo para mí».

Jocelyn continúa hablando de lo diferentes que eran sus expectativas de la realidad: «Es curioso. Siempre había pensado que llevaba una vida más liberal que mis padres. Y ahora estoy en casa con mi hijo esperando a que mi marido vuelva de trabajar. De repente me he convertido en un ama de casa que riñe a su marido para que recoja la ropa del suelo. Nunca me lo habría imaginado».

Mi marido se siente excluido

*Agotamos nuestra paciencia con los niños
y no nos queda demasiada para nuestros maridos.*

El hecho de que prestemos tanta atención al nuevo bebé puede hacer que nuestros maridos se sientan excluidos. No tenemos suficientes horas al día para cuidar al niño, hacer nuestro trabajo (remunerado o no) y estar con nuestros maridos. Y normalmente acabamos dedicando todo el tiempo y la energía que podemos a nuestro hijo.

Aunque la mayoría consideramos importante tener un matrimonio sólido, atender a nuestros maridos nos parece «una cosa más que hacer», sobre todo durante los seis primeros meses, en los que estamos totalmente absorbidas por nuestro bebé. Jill afirma: «Me siento culpable por prestar a mi hija más atención que a mi marido. Afortunadamente es muy comprensivo, y en los últimos años he dedicado mucho tiempo y esfuerzo a nuestra relación, así que espero que no se sienta demasiado mal. Cuando nuestra hija tenía alrededor de seis meses noté un cambio. Mi marido y yo comenzamos a estar más unidos de nuevo porque me sentía capaz de prestarle un poco más de atención. Él puede cuidarse a sí mismo, mientras que la niña depende de mí. Además, tener una hija ha sido la experiencia más maravillosa de mi vida, y quiero disfrutarla plenamente».

Cuando tenemos hijos no somos tan condescendientes como antes porque no tenemos tanta capacidad para ser flexibles. Agotamos nuestra paciencia con los niños y no nos queda demasiada para nuestros maridos. Como dice Dana: «He comprobado que si tengo una cantidad determinada de paciencia al día, dedico el 90 por ciento a mi hija y sólo me queda el 10 por ciento para mi marido. Si tengo que elegir entre las necesidades de mi hija y las de mi marido opto por las de mi hija. A veces me parece que sufre sin que se lo merezca».

Aunque es fácil que se nos olvide cuando los niños reclaman toda nuestra atención, tenemos que recordar lo importantes que son nuestros maridos. Caroline, que tiene cuatro hijos, habla del papel que desempeña su marido en la vida familiar: «Es mi principal apoyo. En nuestra vida familiar todo comienza en casa. Yo creo que muchas mujeres cometen el error de olvidar que su marido es la mitad del matrimonio. Debemos recordar que los padres son también muy importantes en la vida de los niños. Cuando mis hijos eran pequeños ignoraba a mi marido. Básicamente le decía: "Lo siento, cariño. Ahora no puedo hablar. Estoy muy ocupada". Pero ahora sé que mi relación con él es la base de nuestra vida familiar».

Tener hijos ha fortalecido nuestra relación

Las tensiones que crea un bebé en el matrimonio suelen obligarnos a resolver nuestros conflictos.

Muchas mujeres pensamos que tener hijos ha enriquecido nuestro matrimonio, y tenemos la intención de crear con nuestros maridos una familia feliz. A pesar de los momentos de desencanto que pueda haber, criar hijos juntos puede reforzar nuestra relación. Al tener una familia pasamos a formar parte de algo más grande e importante. Y tener hijos ofrece a las parejas la oportunidad de experimentar más satisfacciones, decepciones y crecimiento personal.

Los niños suelen tener una influencia positiva en las relaciones de pareja. Heather, cuya hija tiene tres meses, dice: «Ahora estamos más unidos que nunca. Compartimos algo que no compartimos con nadie más. Aunque juramos querernos toda la vida cuando nos casamos, hasta que tuvimos a la niña no sentimos que esto era para siempre. Ahora mi marido está mucho más atento a mis necesidades. Es menos egoísta. No siempre cuida a nuestra hija como yo, pero sé que está segura con él. Tiene una paciencia increíble y se lleva muy bien con los niños. De momento no se ocupa mucho de la niña, pero no me preocupa porque sé que se implicará con ella cuando crezca, quizá más que yo».

Las tensiones que crea un bebé en el matrimonio suelen obligarnos a resolver nuestros conflictos. Bonnie comenta: «Ahora que somos padres la relación con mi marido es totalmente diferente. Ya no somos una pareja. Somos un padre y una madre, y eso ha cambiado nuestra forma de relacionarnos. Al principio éramos muy buenos amigos. Luego nos casamos. Afrontamos juntos una pérdida. Compramos una casa juntos. Hicimos todas esas cosas que forjan una relación. Algunas veces proyectamos nuestros problemas personales en la niña, y eso me pone furiosa. Pero tenemos suerte porque podemos hablar de esas cosas. Tengo un marido que se implica en nuestro matrimonio. A veces creo que estamos a punto de separarnos, porque vemos las cosas de un modo muy distinto, pero como padres estamos unidos en esto».

Tener hijos puede fortalecer nuestra relación de pareja si aprendemos a comunicarnos de un modo más directo el uno con el otro. Doreen, que tiene tres hijos, dice: «En nuestra relación ha habido muchos cambios. Antes éramos capaces de comunicarnos por telepatía. Desde que tenemos hijos hemos tenido que esforzarnos para decir lo que queremos. Los primeros años fueron muy difíciles, pero lo superamos y hemos aprendido a expresar verbalmente nuestras necesidades. Ha sido un proceso de aprendizaje. Cuando pensaba que mi marido no me comprendía lo pasé fatal, pero cuando solucionamos nuestros problemas la relación se fortaleció. En gran medida se debe a que con los niños te enfrentas a los miedos y los valores más importantes. Queremos educar conscientemente a nuestros hijos y no sólo hacer las cosas como es debido, así que tenemos que estar en sintonía».

¿Volveremos a tener relaciones sexuales?

Uno de los aspectos más difíciles de la maternidad es encontrar energía para tu propia relación, tanto sexual como emocional.

Es asombroso que después de tener un hijo la mayoría de las mujeres tengamos tan poco interés por el sexo. Mientras nuestros maridos están ansiosos por restablecer una relación física, nuestra preocupación por la maternidad hace que nos resulte difícil centrarnos en nada más. Fundamentalmente nos cuesta imaginarnos como criaturas sexuales. En nuestra mente hay cientos de razones para no practicar el sexo, que se contraponen con las que nuestros maridos creen que deberíamos tener. Estamos agotadas. Estamos dando el pecho. Nos sobran cinco kilos. Nos pasamos el día con el bebé en brazos y no queremos que nos toquen. Un estudio de la Universidad de Michigan confirma que la incidencia de las relaciones sexuales en las parejas disminuye de un 30 a un 40 por ciento en el primer año de paternidad.[33] A pesar de las razones que podamos tener en contra, la intimidad física con nuestros maridos puede ayudarnos a recuperar parte de la relación emocional que se pierde en la vida de pareja con un recién nacido.

Gina describe la evolución de su relación sentimental después de tener un hijo. Durante los nueve primeros meses estaba agotada, pero cuando empezó a dormir más se sintió capaz de prestar más atención a su marido: «A los nueve meses comenzamos a salir otra vez. Me di cuenta de que tenía que hacer algo para que supiera que me importaba: le compraba flores de vez en cuando, llamaba a una canguro, teníamos relaciones sexuales. Cuando me centré en él las cosas cambiaron mucho. Al sentirse cuidado me apoyaba mucho más. Tuve que hacer un esfuerzo, pero ha merecido la pena».

La adopción también puede afectar a las relaciones sexuales. Melissa, que tiene un hijo adoptivo, dice que la vida sexual con su marido se redujo cuando llegó el bebé: «Aunque no había dado a luz nuestra vida sexual cambió de forma drástica. Como padres nuestra vida es tan diferente que no tenemos tiempo ni energía para el sexo».

El cansancio juega un papel decisivo en la reducción de la intimidad. Joanne habla de lo difícil que resulta encontrar la energía necesaria para mantener una relación íntima mientras hay que cuidar a los niños: «Uno de los aspectos más difíciles de la maternidad es encontrar energía para tu propia relación, tanto sexual como emocional. Yo diría que va por rachas. Si pasa mucho tiempo sin que haya intimidad las tensiones aumentan. Cuando encontramos tiempo para estar juntos nos sentimos más unidos. Nunca he dudado de nuestro amor, pero es muy complicado. Sobre todo para las madres que se quedan en casa, es difícil tener relaciones sexuales en la misma habitación en la que cambias los pañales, das el pecho y discutes».

Muchas nuevas madres tienen sentimientos contradictorios hacia sus maridos como padres. Elise dice: «En nuestra relación ya no hay tanta pasión, y me preocupa mucho. ¿Significa eso que debería buscar otra cosa si no me atrae siempre mi marido? Le quiero y siento que estamos unidos como padres. Nos encanta abrazar a nuestra hija y besarnos. Es muy bonito, pero luego pienso si eso estará sustituyendo a la pasión. Tenemos relaciones sexuales, aunque no tanto como él quisiera, pero yo no lo echo de menos. A veces pienso si me pasa algo, si debería desearle más. ¿Es una señal de que no debería estar casada con este hombre aunque no me pueda imaginar la vida sin él? Sin embargo me gusta nuestra relación familiar. Para mí es preciosa».

Uno de los misterios de la maternidad es lo maravilloso que es compartir un hijo con tu marido a pesar de que la relación nunca será igual que antes. Sandra, que tiene una hija de dos años, comenta: «Es difícil mantener la misma intimidad que teníamos cuando éramos sólo una pareja. Pero veo tantas cosas de mi marido en mi hija que cuando capto alguna de sus expresiones en sus ojos o veo su cara en la de ella siento un profundo amor por los dos y por él a través de la niña. Ver a la persona que más quiero en la otra persona a la que más quiero es el sentimiento más increíble que he tenido nunca».

Cuando buscamos tiempo para estar juntos nos sentimos más cerca

Cada pareja debe buscar su propia manera de mantener vivo el amor.

Todas sabemos lo importante que es para nuestros hijos que tengamos un buen matrimonio, pero resulta difícil dar prioridad a nuestra relación cuando tenemos tantas obligaciones urgentes como padres. Aunque nos cueste concertar una «cita» con nuestro marido, es necesario que pasemos tiempo con él para recordar cuánto queremos a esa persona que ahora es el padre de nuestro hijo. Para los nuevos padres una «cita» puede ser algo tan sencillo como una cena y una película (si conseguimos estar despiertos a esas horas) o tan lujoso como un fin de semana fuera. Lo más importante es que encontremos tiempo al margen de la rutina para centrarnos en nuestra relación sentimental.

Cada pareja debe buscar su propia manera de mantener vivo el amor. Janine, que tiene un hijo de dos años, dice: «Una vez por semana viene una canguro, lo cual nos obliga a salir solos. A veces cuando llega lo que más me apetece es meterme en la cama, pero ya que está allí salimos. Estar juntos como adultos de vez en cuando, y no sólo como padres, ha mejorado nuestra relación. Al principio íbamos en distintas direcciones, y eso no era bueno para nuestra relación de pareja».

Mary Anne, que tiene dos hijas, comenta: «Para mí es una cuestión de equilibrio. Mi marido y yo no tenemos una noche fija para salir porque eso no encaja con nuestros planes. Sin embargo, cuando las cosas empiezan a torcerse he comprobado que necesitamos estar juntos y divertirnos. Al estar un rato solos volvemos a tener la sensación de que controlamos nuestras vidas y nuestra relación».

Aunque nunca le ha gustado dejar a sus hijos con otra persona, Caroline ha contratado canguros desde que los niños tenían dos meses para poder salir con su marido: «No me resultaba fácil, pero me parecía que era importante tener "citas" con mi marido desde el principio. Quiero que mis hijos sepan que su padre es una persona muy importante en mi vida. Quiero que me vean darme un baño, perfumarme y ponerme guapa para él. Yo creo que al ver que nos divertimos juntos se sienten felices y seguros».

Seguiremos juntos cuando los niños se vayan

Algunas veces lo que más necesitamos es escucharnos el uno al otro.

En otro estudio sobre nuevos padres, Cowan y Cowan llegan a la conclusión de que deberíamos centrarnos en lo que nos une como padres en vez de en las cosas que nos separan.[34] Esto no significa que haya que ignorar los conflictos. Como hombres y mujeres tenemos diferentes necesidades, prioridades y valores, que debemos reconciliar. Pero a veces también tenemos que centrarnos en nuestra relación de pareja. Como padres y madres redefiniremos nuestra relación y nuestras expectativas con el transcurso del tiempo. Tener empatía con nuestra pareja y afrontar juntos esa transición puede mejorar nuestra relación y fomentar el respeto mutuo.

Algunas veces lo que más necesitamos es escucharnos el uno al otro. Al establecer turnos para hablar y escuchar, Janet y su marido están haciendo una inversión emocional en su relación: «Mucha gente comenta cómo mantiene viva la pasión, pero lo que yo intento hacer es mantener la conexión. Normalmente es difícil, porque apenas nos vemos, los dos trabajamos mucho y estamos cansados. Así que hacemos estos intercambios verbales al final del día cuando las niñas están en la cama. Cada uno tiene cinco minutos para hablar sin que el otro le interrumpa. De esa manera consigo saber cómo le va y qué le preocupa. No se trata de juzgar o responder. Cuando me toca a mí tengo la oportunidad de decir cómo me siento. A veces resulta desagradable, pero ésas son las cosas que queremos que sepa el otro. Después de hablar me siento mucho mejor. Cuando hacemos esto de forma regular me siento unida a mi marido y a lo que ocurre en su vida».

Expresar gratitud ayuda a mantener vivo el matrimonio. Denny y su marido, que tienen un hijo de dos años, llevan un diario de agradecimiento. «Escribimos en él todos los días», dice ella. «Hacemos un balance del día e intentamos pensar en tres cosas por las que estamos agradecidos. Pueden ser cosas importantes o cosas pequeñas, como "gracias por bañar al bebé". Luego intercambiamos los diarios. Es una buena manera de ver a tu pareja de otro modo y mantener una actitud positiva ante la vida sin que te afecten tanto los problemas cotidianos. Si no tenemos tiempo para escribir nos decimos el uno al otro qué nos agradecemos. Es una forma estupenda de terminar el día, porque sólo nos lleva unos minutos y hace que nos sintamos más unidos.»

Eve, que tiene dos hijos, habla de lo importante que es comprender al otro y ver las cosas con perspectiva: «Tener hijos pequeños afecta mucho a una relación. Es un período muy intenso en el que tus hijos te necesitan más y tienes más expectativas profesionales. Mientras te esfuerzas por alcanzar tus objetivos laborales, en casa hay muchas otras obligaciones y expectativas. No es una época fácil. Pero si consigues superarlo y disfrutar con tu pareja, aunque no sea como antes, puede ser muy satisfactorio. Yo intento recordar que en algún momento tendremos más tiempo y energía para el otro. No siempre va a ser así».

A pesar del «desgaste» que suponen los niños para el matrimonio, los estudios demuestran que a la mayoría de los padres les encanta tener hijos y tomarían de nuevo esa decisión.[35] Los estudios de Cowan y Cowan indican que aunque después de tener un bebé los conflictos y los desacuerdos son inevitables, forman parte del proceso natural que conlleva formar una nueva familia. Las parejas que consiguen adaptarse a la paternidad con éxito desarrollan nuevas perspectivas y nuevas maneras de resolver problemas, además de experimentar una mayor sensación de madurez.[36] Para evolucionar como pareja debemos escucharnos el uno al otro y aprender a resolver las dificultades que plantean los hijos. Si nos centramos en la alegría que compartimos como padres y afrontamos los obstáculos y las tribulaciones con humor, creceremos como individuos y como compañeros. Y a medida que crezcamos como pareja tendremos más capacidad para educar a nuestros hijos.

CINCO

¿Cómo se implicarán nuestros padres en nuestra nueva familia?

Cada vez que nace un niño nace un abuelo. Ni los padres deciden ser abuelos ni los niños deciden venir a este mundo.
ARTHUR KORNHABER

*El juguete más sencillo,
que incluso un niño pequeño
puede manejar, es el abuelo.*
SAM LEVENSON

Muchas de las que hemos trabajado durante años hemos llevado una vida muy diferente a la de nuestras madres. Mientras para nosotras lo normal es desarrollar una carrera antes de formar una familia, por lo general nuestras madres tenían hijos mucho antes y no aspiraban a tener una profesión. Pero el hecho de tener un hijo hace que tengamos algo en común con nuestra madre y la comprendamos mejor. Por su parte, nuestros padres suelen vernos con mayor respeto y comienzan a tratarnos como personas adultas cuando nos convertimos en madres. Gracias a nuestro bebé compartimos una identidad como padres y un gran amor por la misma criatura. Y pueden ser una estupenda fuente de apoyo, sobre todo cuando tenemos un recién nacido y estamos dispuestas a pedir consejo a cualquiera, incluso a nuestra propia madre.

Al mismo tiempo, tener un hijo puede crear nuevas tensiones con nuestros padres. Los desacuerdos pueden surgir por nuestros valores, criterios educativos e incluso por los derechos de visita. Las relaciones pueden cambiar porque ya no somos sus «niñas» y ellos ya no son los que «mandan». Podemos tener diferentes expectativas respecto al papel que van a desempeñar y el grado de implicación que tendrán en nuestra familia. Sin embargo, la mayoría queremos que nuestros hijos conozcan y quieran a sus abuelos. Las diferencias entre generaciones se pueden resolver con paciencia, flexibilidad y diálogo. De ese modo podremos disfrutar de los beneficios de una familia más amplia.

Ahora que tenemos hijos estamos más cerca de nuestros padres

Un bebé puede ayudarnos a abrirnos a nuestros padres de nuevas maneras.

Tener hijos suele acercarnos a nuestros padres a medida que la relación con ellos adquiere una nueva dimensión. En parte se debe a que el vínculo entre un niño y un abuelo es casi tan importante como el que tiene con sus padres. A nuestros padres les encanta estar con nuestro bebé sin las complicaciones que implica ser los principales responsables. En otras palabras, disfrutan un rato con él y luego se van a casa. Además, tener un hijo diluye parte de la intensidad emocional de la relación con nuestros padres. La atención se centra más en el bebé y menos en los aspectos de nuestra relación que crean tensiones. Y al pasar más tiempo con nuestros padres en un entorno distinto aprendemos muchas cosas de ellos mientras reviven su propia experiencia de formar una familia.

Uno de los placeres de tener hijos es que podemos sentirnos más cerca de nuestros padres. Judy, que tenía treinta y nueve años cuando tuvo a su hijo, dice: «Tener un bebé me ha acercado a mis padres. Pasan mucho tiempo con nosotros. A mi madre le encanta ser abuela. Para ellos es muy importante que tengamos un hijo, porque hemos esperado mucho tiempo. Se están haciendo mayores y su salud comienza a fallar, así que soy más consciente de lo que significa para ellos implicarse tanto con mi hijo. Para mí es un momento muy especial, porque estoy empezando a ver la decadencia de la familia en la que crecí. Quiero que mis padres formen parte de la vida de mi hijo y de nuestra vida familiar».

En algunos casos, incluso las relaciones más difíciles son más llevaderas cuando tenemos hijos. Elaine comenta cómo ha mejorado la relación con sus padres desde que nació su hijo, que ahora tiene dos años: «No tengo una relación maravillosa con mi madre, pero el niño nos ha ayudado a acercarnos. Ahora tenemos una alegría en común. Me alegro de que le dé tantas satisfacciones, porque no ha tenido una vida muy fácil. Me encanta verla sonreír cuando está con mi hijo. En cuanto a mi padre, desde que tengo un bebé me ve como una persona adulta, aunque le cuesta creer que su niñita sea madre. También me ha ayudado mucho. Ser abuelo es muy importante para él».

Un bebé puede ayudarnos a abrirnos a nuestros padres de nuevas maneras. Samantha, que tiene tres hijos, dice: «Me siento mucho más cerca de mis padres. Siempre nos hemos llevado bien, pero yo siempre he sido muy reservada. Antes les hablaba de los estudios, el trabajo y los amigos, pero ahora tenemos un proyecto en común. Están entusiasmados con mis hijos. Les interesa todo lo que hacen y se han implicado mucho emocionalmente en su vida. Mis padres no son de los que pasan por casa un rato y se marchan. Lavan el coche con los niños, dan de comer al perro y recogen las hojas del jardín. No quieren hacer sólo cosas especiales. Les gusta participar en las tareas diarias, porque creen que de esa manera pueden conocerse mejor».

Sigo necesitando a mis padres

Como madres mayores acostumbradas a tomar nuestras propias decisiones, puede sorprendernos que aún dependamos tanto de nuestros padres.

¿A quién recurrimos cuando nos convertimos en padres y nos embarcamos en una de las experiencias más intensas de nuestra vida? Normalmente a nuestros padres. Aunque la relación no sea perfecta, nuestros padres siempre serán nuestros padres, sobre todo cuando nos sentimos más vulnerables. Como madres mayores acostumbradas a tomar nuestras propias decisiones, puede sorprendernos que aún dependamos tanto de nuestros padres. Y quizá nos resulte incómodo pedirles ayuda después de ser autosuficientes durante tantos años. Sin embargo, nuestros padres pueden ser una extraordinaria fuente de apoyo emocional y darnos consejos prácticos si se lo permitimos. Por lo general están deseando venir a ayudarnos con el bebé. Y al ser madres ya no vemos su cariño hacia nosotras como algo gratuito.

Cuando tenemos un hijo apreciamos mucho más a nuestros padres. Ann Marie, que tiene treinta y cinco años, dice que al tener un hijo se dio cuenta de lo importante que era su madre para ella: «Sigo necesitando a mi madre. Nadie más va a estar ahí de la misma manera. Es la única persona que cogería un avión y vendría si se lo pidiera. Y cuando viene está aquí para cuidar de mí. ¿Quién más haría eso?».

Aunque a veces los niños también puede crear tensiones. Ann Marie prosigue: «Tengo unos padres estupendos, pero cuando mi hija nació nuestra relación dio un salto en el tiempo. Antes de tener un hijo había sido independiente durante mucho tiempo. Vivía en otra ciudad, tenía independencia económica y hacía lo que quería sin consultarles. Pero en cuanto tuve un bebé mi madre empezó otra vez a darme consejos. La última persona que quieres que te aconseje es tu madre o tu suegra. No me gustaba que me dijeran cómo tenía que hacer las cosas. Sin embargo, he comprobado que mi madre siempre tiene algo útil que aportar. Me opongo a ella, pero normalmente acabo haciendo lo que dice».

Nuestros padres nos ofrecen su experiencia personal, lo cual enriquece la vida de nuestros hijos. LeeAnn se considera afortunada porque sus padres estén tan implicados con su hija de dos años, y cree que a su madre le ha beneficiado pasar tiempo con la niña: «Mi madre cuida a nuestra hija un día a la semana desde que nació. Nos está ayudando mucho, y me parece maravilloso que se vean con frecuencia. Mi hija se siente muy a gusto con mi madre, y yo estoy mucho más tranquila que cuando la dejo con la canguro, porque sé que está en buenas manos y se preocupa por ella tanto como yo. Antes de que naciera nuestra hija mi madre estaba enferma, y ser abuela le ha dado nuevas fuerzas. Sé que mis padres enriquecen la vida de mi hija al aportarle cosas que mi marido y yo no tenemos. Espero que vivan muchos años y le ayuden a formar su personalidad».

Sin embargo, no siempre podemos esperar que una relación difícil mejore por tener hijos. Sharon, que lleva mucho tiempo alejada de sus padres, explica como el hecho de tener un bebé ha abierto viejas heridas: «Tener una hija ha influido mucho en mi relación psicológica con mis padres, pero no en la relación cotidiana. En cualquier caso no estoy cerca de ellos, pero para mí ha sido muy duro que no se interesen por mi hija. No está recibiendo de ellos la atención y la implicación emocional que me gustaría que tuviera. He aceptado que no sean unos buenos padres para mí, pero revivirlo resulta doloroso. Siento que no puedan tener más interés, porque son los únicos que faltan. Me alegro por mi hija de que los padres de mi marido sean con ella tan cariñosos».

Los padrastros pueden desempeñar un papel importante en nuestra vida y la de nuestros hijos. Antonia habla del apoyo que recibe de su madrastra: «Cuando estamos con mi madrastra me apoya mucho como madre. Una de las cosas que quiero hacer tan bien como ella es transmitir a mis hijos que estoy de su lado y que para mí son los mejores pase lo que pase. Mi madrastra siempre se pone de mi lado, y para mí es muy importante».

Espero que mis padres se comporten de otro modo

Además de servir como educadores, modelos de referencia, compañeros de juegos y guardianes de la llama familiar, los abuelos pueden proporcionar a nuestros hijos un entorno en el que se sentirán queridos y aceptados.

Cuando nuestros padres se convierten en abuelos adoptan un nuevo papel dentro de la familia. Les guste o no, pasan a formar parte de la generación de más edad en una época en la que están cambiando tanto los papeles paternales como los de los abuelos. La mayoría de los padres actuales no educamos a nuestros hijos como lo hicieron nuestros padres, y puede que no entiendan nuestras decisiones y nuestro estilo de vida. Por ejemplo, es posible que no comprendan lo importante que es el trabajo en nuestra vida ni los esfuerzos que hacemos para equilibrar la profesión y la familia. O que no estén acostumbrados a que los padres colaboren en las tareas domésticas. Por otro lado, si se han convertido en abuelos mientras siguen en activo puede que les interese menos cuidar a los niños que cultivar sus propios intereses. Sin embargo, podemos aliviar esas tensiones si somos más flexibles al pensar en el papel que desempeñan los abuelos en la familia. Además de servir como educadores, modelos de referencia, compañeros de juegos y guardianes de la llama familiar, los abuelos pueden proporcionar a nuestros hijos un entorno en el que se sentirán queridos y aceptados.

A algunos padres, como los de Marion, les encanta ser abuelos: «Ahora que tenemos hijos mis padres están con nosotros todo el tiempo. Afortunadamente mi marido se lleva bien con ellos, y respetan cómo estamos educando a nuestros hijos. Mi madre asumió muy bien el papel de abuela. No necesitaba ser el centro de la familia, aunque al principio no creo que se sintiera cómoda en ese papel. Ella es la que mima a los niños, y mi padre es su compañero de juegos. Se sienta en el suelo y juega con ellos a cualquier cosa. Le llaman por su nombre y le dicen que no coja sus juguetes. Mis hijos quieren mucho a los dos».

A veces nuestros padres tienen sentimientos contradictorios al convertirse en abuelos. Aunque les agrade que haya un bebé en la familia, en algunos casos tienen que superar sus prejuicios respecto a lo que implica su nuevo papel. Grace dice: «A mi madre le costó hacerse a la idea de que iba a ser abuela. Tenía menos de sesenta años, y yo creo que pensaba que se estaba haciendo vieja. Pero cuando se dio cuenta de que era algo inevitable aceptó encantada el papel de abuela. Ahora va por ahí enseñando las fotos de los niños y hablándoles de ellos a todo el mundo. Yo creo que ha llegado a la conclusión de que no tiene que ser como su abuela, que era una de esas señoras antiguas con vestidos estampados y zapatos ortopédicos».

Al igual que a veces tenemos que revisar nuestras expectativas como padres, es posible que tengamos que replantearnos lo que esperamos de nuestros padres como abuelos. Eve, que tiene dos hijos y está embarazada del tercero, dice que ha tenido que reconsiderar las expectativas que tenía respecto a sus padres: «Quiero mucho a mis padres, pero mi madre no es muy experta en bebés. Tendría que haberlo aceptado desde el principio, pero mis expectativas eran tan poco realistas que me decepcionó. Con mi segundo hijo intentó complacerme. Vino a casa para estar conmigo y ayudarme, pero fue un gran error. Sin embargo, ella y mi padre han sido unos abuelos estupendos cuando los niños han crecido. Lo que necesitaba era adaptar mis expectativas a la realidad y no exigirles que fueran diferentes».

Teresa habla con cariño de sus padres, pero dice que su relación con ellos ha cambiado desde que su hijo se ha convertido en el centro de atención: «Mis padres son muy respetuosos con nuestra vida privada. Mi madre cambió de profesión, y no tiene mucho tiempo libre. Cuando está con mi hijo suele llevarle al trabajo. Pero para mí ya no son tan accesibles. No los tengo de la misma manera, porque ahora están centrados en mi hijo. Yo sólo soy la persona que les entrega un niño perfecto para que puedan llevarlo a la iglesia y enseñárselo a sus amigos».

Ahora tengo la aprobación de mis padres

Aunque estén orgullosos de que hayamos ido a la universidad, nos vaya bien en el trabajo y seamos independientes económicamentes, en muchos casos lo que realmente quieren es que formemos una familia.

Algunas sentimos que al convertirnos en madres conseguimos por parte de nuestros padres una aprobación que no hemos logrado obtener con otros «méritos». Aunque estén orgullosos de que hayamos ido a la universidad, nos vaya bien en el trabajo y seamos independientes económicamente, en muchos casos lo que realmente quieren es que formemos una familia. Esto puede parecernos extraño, sobre todo si siempre nos han animado a estudiar y a tener una carrera. Para los abuelos, que haya un bebé en la familia es un motivo de alegría, una manera de sentirse útiles y una esperanza de futuro. Y como nuevas madres, nosotras asumimos un papel que nuestros padres comprenden y apoyan, en parte porque recuerdan la satisfacción que experimentaron al criar a sus propios hijos.

Que consigamos la aprobación de nuestros padres al tener un bebé no significa necesariamente que no aprueben otros aspectos de nuestra vida, aunque a veces lo veamos así. Wendy comenta: «Tener un hijo fue para mis padres mucho más importante que cualquier otra cosa de las que había hecho. Mucho más que ir a la universidad o casarme. Me dieron toda su aprobación por ser madre, aunque también me aconsejaron que volviera a trabajar y no sacrificara mi vida profesional. Pero lo que más ilusión les hizo es que tuviera un bebé».

Rebecca, que está embarazada de su segundo hijo, dice que ahora que tiene una familia satisface las expectativas de su madre mucho más que cuando era una mujer independiente: «Ahora que tengo un bebé estoy a la altura de las expectativas de mi madre. Cuando estaba soltera no me veía del mismo modo. Ahora estoy casada con un hombre al que adora y tengo un bebé. Es una lástima que haya tenido que hacer todo esto para conseguir su aprobación, pero ha hecho que estemos más unidas».

También nuestros padres pueden sentirse confusos respecto al equilibrio entre el trabajo y la familia, lo cual nos transmiten de alguna manera. A Teresa le parece curioso que su madre le apoyara tanto para que hiciera una carrera y luego le impresionara que tuviese un bebé: «En cierto sentido conseguí la aprobación de mi madre cuando tuve un hijo, porque le di algo que deseaba realmente. Lo más irónico de mi vida como madre trabajadora es que mi madre se quedó en casa conmigo. Gracias a ella soy como soy. Tenía confianza en mí y me hizo creer que podía hacer lo que quisiera. Me enseñó disciplina y me ayudó a ser lo que soy. Me educó para que tuviera una profesión y contrató a alguien para que cuidara a mis hijos, en contra de lo que había hecho ella. Cuando me agobia mi trabajo me dice: "¿Por qué estás preocupada, cielo? Tienes un bebé. Ésa es tu recompensa". Es como si mis aspiraciones profesionales fueran provisionales y ser madre fuera mi auténtica vocación. Parece una contradicción por parte de una madre que quería que su hija fuese capaz de hacer lo que se propusiera».

Echo de menos a mi familia

Cuando tenemos hijos somos mucho más conscientes
de las realidades de una sociedad en movimiento continuo.

Muchas nos fuimos de casa cuando éramos jóvenes y ahora vivimos lejos de nuestros padres. Aunque siempre les hayamos echado de menos, ahora que tenemos hijos sentimos realmente esa distancia. Nos gustaría que viviesen más cerca por el bien de nuestros hijos y por el nuestro. Queremos que participen en las vidas de nuestros hijos y lamentamos que no estén a nuestro lado para darnos apoyo práctico y emocional. Y tenemos que esforzarnos más para que los niños conozcan a sus abuelos (y viceversa). Sin embargo, estamos dispuestas a hacer ese esfuerzo, porque queremos que nuestros hijos tengan una buena relación con ellos.

Cuando tenemos hijos somos mucho más conscientes de las realidades de una sociedad en movimiento continuo. Julia, por ejemplo, cuestiona la distancia que hay entre los miembros de su familia: «Me encanta compartir a mis hijos con mis padres, pero me gustaría que viviésemos más cerca, y a veces me pregunto por qué las familias no permanecen juntas. ¿Por qué no criamos a nuestros hijos cerca de nuestros padres para poder estar más implicados en nuestra vida cotidiana? Cuando los niños son pequeños lo más importante es el día a día, y me gustaría que mis padres participaran más de esa experiencia».

Elise, que tiene una hija de dos años, expresa su decepción por el hecho de que su familia se haya trasladado recientemente: «Ahora mismo me siento frustrada con mis padres porque se han ido a vivir lejos de aquí. Puede que sea un poco egoísta, pero estoy enfadada con ellos. Quiero que estén cerca para que se relacionen con mi hija, y me encantaría que pudieran ayudarme».

Según cómo nos llevemos con nuestros padres, algunas pensamos que vivir lejos no es una mala idea, porque nos permite mantener una distancia cómoda con ellos. Wendy dice: «No es del todo casual que viva lejos de mis padres. Les quiero mucho, pero me sacan de quicio. Si vivieran cerca se implicarían tanto con mi familia que acabaríamos teniendo problemas. De esta manera vienen a visitarnos unas cuantas veces al año y disfrutamos estando juntos. Si viniesen más a menudo nos volveríamos locos».

Me siento como si ahora el adulto fuera yo

*Como madres experimentamos una nueva igualdad
con nuestros padres.*

Cuando tenemos un hijo y nos convertimos en madres solemos sentir que por fin hemos crecido. Eso hace que cambie nuestra situación respecto a nuestros padres, que siempre han sido los adultos responsables de la familia. Aunque sigamos necesitando su ayuda y su apoyo, ya no dependemos de ellos. Al tener un bebé, nuestros padres se convierten en miembros de la siguiente generación, y la autoridad y la atención pasan a nosotros como nuevos padres. Nuestra nueva familia comienza a cobrar protagonismo, y por lo tanto tenemos que establecer nuestras propias prioridades, valores y tradiciones.

Compartir la experiencia de la maternidad puede fortalecer la relación con nuestras madres. Cynthia dice: «El hecho de que cada vez tenga más experiencias en común con mi madre ha afianzado nuestra relación. Ya no soy una niña. Soy su hija y su amiga. He sido su amiga durante mucho tiempo, pero ahora estamos más unidas porque compartimos la experiencia de ser madres. No me da ningún consejo si no se lo pido. No me mira por encima del hombro y me dice que hago las cosas mal. Nunca lo ha hecho. Por eso tengo con ella una relación tan buena. Siempre me ha tratado con respeto, y yo siempre la he respetado».

Superar los problemas familiares nos permite centrarnos en las necesidades de nuestros hijos. Stacey, que tiene una hija de dos años, dice: «Si hay algo negativo en la relación con mis padres es respecto a su divorcio. Todos deberíamos esforzarnos para dejarlo atrás. No quiero que sus disputas afecten a nuestras vacaciones o acontecimientos familiares. Ahora estoy centrada en mi hija y en su futuro. Quiero olvidarme del pasado y de los problemas de mis padres. Pero no estoy segura de que ellos hayan superado del todo su pasado, y me parece un error. Todos tenemos que seguir adelante, porque ahora es el momento de mi hija».

Como madres experimentamos una nueva igualdad con nuestros padres. Joyce comenta que desde que tiene hijos se relaciona con su madre de igual a igual: «Ya no me ve como una niña. Siempre seré su hija, pero ya no soy su niña. Las cosas han cambiado. A mi madre le costó aceptar que tenía mi propia familia y que eso era lo más importante para mí. Ella no podía seguir siendo mi prioridad. Creo que yo también pasé por una transición en ese sentido. Tardé unos cuantos años en adaptarme a la nueva situación. Ahora tenemos una relación de igualdad, y así es como debería ser».

Veo a mi madre de otro modo

Comenzamos a entender el profundo amor que sienten por nosotras y el esfuerzo que han tenido que hacer para formar una familia.

La mayoría de nosotras apreciamos y comprendemos mejor a nuestros padres, sobre todo a nuestras madres, cuando tenemos hijos. Comenzamos a entender el profundo amor que sienten por nosotras y el esfuerzo que han tenido que hacer para formar una familia. Nos identificamos con el compromiso y los sacrificios que han hecho. Cuando nos convertimos en madres tenemos una identidad común con nuestras madres y podemos empezar a verlas como seres humanos, con sus defectos y sus virtudes. Al mismo tiempo, para nuestras madres ser abuelas puede ser muy positivo, porque pueden tener con nuestros hijos una relación que con nosotras no pudieron tener. Al ser abuelas tienen una segunda oportunidad para implicarse emocionalmente más que cuando fueron madres en los años cincuenta y sesenta.

Convertirnos en madres nos da una nueva perspectiva de nuestros padres. Pam dice: «Aprecio más a mis padres ahora que tengo hijos. Me han enseñado muchas cosas y les respeto mucho más. Ahora me doy cuenta de que hicieron un trabajo estupendo conmigo y con mis hermanos, y espero hacerlo tan bien como ellos».

Al tener hijos no sólo nosotras crecemos y cambiamos. Marcia, que tiene una hija de dos años, habla de la relación con sus padres: «Desde que tengo una hija paso mucho tiempo con mis padres. El primer año me ayudaron muchísimo. Es muy interesante ver a mi madre con mi hija, porque creo que está intentando hacer con ella lo que no hizo con nosotros. En sus tiempos, cuando un niño empezaba a andar nadie mostraba entusiasmo. Formaba parte de la rutina. Ahora, cada vez que mi hija aprende algo nuevo se emociona más que yo. Estar con la niña le ha ayudado a abrirse emocionalmente, y nos ha acercado mucho».

Marcia continúa: «Sé que mi madre fue una buena madre porque a mí me ha ido bien. Y yo soy una buena madre porque ella fue una buena madre para mis hermanos y para mí. Pero nuestra generación ha introducido aspectos emocionales que las generaciones anteriores no tenían en cuenta. Tenemos una mezcla de sus valores básicos y sus criterios educativos, que debemos mejorar siendo más afectuosas con nuestros hijos».

Cuando tenemos nuestra propia familia podemos comprender mejor a nuestras madres aunque enfoquemos la maternidad de distinto modo. Audrey comenta: «Lo que yo espero de la relación emocional con mi hija no tiene nada que ver con las expectativas que tenía mi madre en ese sentido. Yo dedico mucha energía a la relación. Mi madre tuvo seis hijos, y para ella la maternidad era una proeza organizativa. Recuerdo que cuando mi hijo era pequeño le dije cuánto le quería, y le pregunté si ella sentía lo mismo. La respeto por su franqueza, pero me respondió que no lo creía. Antes las cosas eran diferentes. Crecías, te casabas, tenías hijos y hacías todo lo posible para no acabar chiflada. Su trabajo consistía en organizarnos, no en relacionarse con nosotros. Por eso pasaba tan poco tiempo con ella. Yo creo que nosotras estamos intentando conseguir cosas muy distintas a las que aspiraban nuestras madres. Si ella hubiera intentado hacer lo que yo estoy intentando se habría vuelto loca».

Al experimentar la maternidad comenzamos a entender mejor la experiencia de nuestras madres. Heather dice que ahora comprende la satisfacción que sentía su madre al cuidar a sus hijos: «Tener un bebé me ha ayudado a comprender mejor a mi madre. Después de tener hijos no volvió a trabajar. Antes pensaba que había cometido un error. Pero ahora me parece que tomó una decisión difícil y que hizo un buen trabajo. Entiendo que se sintiera satisfecha con eso, y que pudiera ser feliz siendo madre».

Es difícil ser mamá sin mi madre

*A veces echamos de menos a nuestra madre
porque hay muchas preguntas que quisiéramos hacerle.*

Convertirnos en madres puede ser una experiencia agridulce para las que hemos perdido a nuestras madres. Además de echarlas de menos

nos entristece que no puedan conocer a nuestros bebés. Nos sentimos frustradas porque no podemos recurrir a ellas para pedirles ayuda o consejo. Y no están a nuestro lado para contarnos historias sobre los primeros años de nuestra vida. Nos gustaría que nuestra madre pudiera vernos como mamá, porque sabemos que estaría orgullosa de nosotras. Al tener un bebé podemos apreciar la continuidad de la vida y la conexión entre nuestra madre y el futuro. Al sentir en nuestra piel el amor maternal podemos compensar en parte su ausencia en nuestra vida.

A veces echamos de menos a nuestra madre porque hay muchas preguntas que quisiéramos hacerle. Nicole, que tiene dos hijos, dice: «Echo de menos a mi madre porque no tengo cerca a nadie que me pueda dar consejos prácticos. Cuando estoy cosiendo un disfraz de Halloween o haciendo unas galletas pienso: "¿Dónde está mi madre?". Esas cosas se le daban muy bien, y como abuela habría tenido mucho tiempo para hacerlas. No quiero educar a mis hijos como lo hizo ella, pero sería estupendo que pudiera conocerlos. Si estuviese aquí habría tenido con ella una relación muy distinta a la que tenía de pequeña. Habríamos compartido algo que no teníamos cuando estaba viva: los niños».

De una forma sutil podemos encontrarnos lamentando de nuevo la pérdida de nuestras madres, porque el hecho de que se murieran pronto significa que jamás conocerán a nuestros hijos. A Melissa le hubiera gustado que su madre pudiera haber visto a sus hermanos y a ella como padres: «Cuando pienso en mi madre, y lo hago todos los días, lo que más me entristece es que mis hijos no puedan conocerla para compartir con ellos su experiencia y su sabiduría. Para mí es inexplicable que mi madre, que era una mujer con una gran personalidad, sea alguien a quien mis hijos no puedan conocer directamente. No pienso tanto en la ayuda o los consejos que podría haberme dado (sé que tendría muchos consejos), sino en cuánto la echo de menos por mí y por mis hijos».

Melissa prosigue: «Lamento que mi madre no haya visto a mis hermanos como padres, porque también ellos tuvieron hijos después de que se muriera. Son unos padres estupendos. Es su vida, y les encanta. A mi madre le habría gustado verlo, porque eso es lo que nos transmitieron mi padre y ella».

Mis suegros están más unidos a la familia

A veces tener un bebé nos da una nueva sensación de libertad con nuestros suegros.

Tener un bebé también puede acercarnos más a los padres de nuestro marido, porque compartimos con ellos el amor por nuestro hijo y la experiencia de ser padres. Y el hecho de ser la madre de su nieto hace que nos valoren más. Al mismo tiempo, los niños pueden crear tensiones y conflictos con nuestros suegros, normalmente por diferencias educativas y culturales. Además, es posible que nos resulte difícil hablar con ellos de esas cuestiones, porque no son nuestros padres. Pero esos conflictos se deben resolver para que nuestros hijos puedan tener una buena relación con la familia de nuestro marido.

A veces tener un bebé nos da una nueva sensación de libertad con nuestros suegros. Jocelyn comenta que la relación con su suegra ha mejorado desde que tiene un hijo: «Nunca he tenido una buena relación con mi suegra. Cuando nació mi hijo temía que viniera a visitarnos. Estaba agotada, y lo último que necesitaba era atenderla. Por otro lado era su primer nieto, y no quería negarle la oportunidad de conocerle. Así que vino a vernos, y todo fue bien. De hecho, me di cuenta de que podía ser mucho más sincera con ella. De alguna manera ser madre me dio libertad para ser yo misma».

Tener un bebé puede crear nuevas tensiones con nuestros suegros. Barbara, que dejó su trabajo para estar en casa con sus hijos, tiene dificultades con su suegra porque sus valores y experiencias son muy diferentes: «Para mí ha sido muy duro, porque pasamos mucho tiempo con mis suegros y muchas veces mi suegra y yo no vemos las cosas del mismo modo. Ella tuvo hijos con veintiún años y nunca ha trabajado. No sabe lo que es ser independiente y trabajar para ganarse la vida. Lo más difícil de ser madre para mí ha sido renunciar a mi autonomía, pero mi suegra no lo entiende. Ella piensa que soy una egoísta».

A veces los suegros pueden ser una excelente fuente de apoyo cuando no podemos contar con nuestros padres. Greta, que tiene dos hijos, dice: «Una de las cosas que más me ha sorprendido es el poco interés que tiene mi madre como abuela. Mis hijos son sus únicos nietos, y yo pensaba que pasaría más tiempo con ellos. Me ha dolido mucho. Lo mejor de todo es que los padres de mi marido se han implicado de una manera increíble. Aunque tienen muchos nietos les encanta estar con nuestros hijos. Tenemos suerte de que estén con nosotros».

La relación con nuestros suegros exige a veces que pongamos en práctica nuestra capacidad de negociación. Audrey, que tiene un hijo de dos años, habla de lo que ha hecho para estar con los padres de su marido de modo que todos se sientan satisfechos: «Desde que nació mi hijo la relación con mis suegros ha sido una negociación continua. Me he dado cuenta de que nadie va a cambiar mucho. Cada uno es como es, así que intento que haya situaciones beneficiosas para todos. Por ejemplo, mi suegra cuida al niño un día a la semana para que yo pueda ir a clase. De esa manera ella ve a su nieto y yo hago lo que tengo que hacer. También intento que mi marido se comunique con sus padres. Les gusta estar en contacto con él, y yo no soy la secretaria de la familia».

Rebecca considera positivo que los cuatro abuelos vivan cerca de ella: «Mis suegros se trasladaron hace poco para estar más cerca de sus nietos. Mi marido y yo decimos en broma que es estupendo para los niños y muy difícil para nuestro matrimonio. Yo también crecí con todos mis abuelos alrededor, y me encantaba. Tengo un gran respeto por mis padres, porque nos protegieron de los problemas que pudieran tener con sus padres. Nunca hablaban mal de nuestros abuelos. Nosotros pensábamos que eran fantásticos, y quiero que mis hijos sientan el mismo aprecio por sus abuelos».

Como señala Arthur Kornhaber en su libro *Between Parents and Grandparents*, los abuelos pueden ser un extraordinario recurso natural, porque sienten un gran cariño por nuestros hijos, enriquecen la vida familiar y pueden ayudarnos a superar los obstáculos de la paternidad.[37] Sin embargo, determinar su grado de implicación en nuestra familia puede ser complicado. Tenemos que decirles con amabilidad que agradecemos su apoyo y sus sugerencias, pero que hemos decidido hacer las cosas de un modo diferente. Y algunas veces quizá tengamos que pedirles más ayuda. En cualquier caso, nuestros hijos apreciarán el tiempo que pasan con otras personas que les quieren tanto como nosotros y les consienten mucho más.

SEIS

¿Cómo educamos a los niños y a las niñas?

*Una niña es la inocencia
jugando en el barro,
la belleza haciendo el pino
y la maternidad arrastrando
una muñeca... Un niño
es la verdad con la cara sucia,
la belleza con una herida
en el dedo, la sabiduría
con chicle en el pelo
y la esperanza de futuro
con una rana en el bolsillo.*
ALAN BECK

*Nunca los seres humanos,
tanto hombres como mujeres,
han tenido que dar tanto de sí.
La fuerza, la audacia,
la perspicacia, el valor
y el liderazgo, unidos
a la sensibilidad,
el cariño, la amabilidad
y la comprensión, son las claves
que definirán nuestro futuro.*
DON Y JEANNE ELIUM

El sexo es una cuestión significativa desde el inicio del embarazo, y enseguida empezamos a preguntarnos si tendremos un niño o una niña. A algunas madres no les importa en absoluto. Otras tienen sus preferencias, aunque no lo digan en voz alta. De hecho, cuando nos enteramos del sexo de nuestro bebé podemos quedarnos decepcionadas si no es lo que esperábamos. Pero esa decepción no dura mucho, porque enseguida nos enamoramos de nuestro retoño. Como en muchos otros aspectos de la paternidad, aceptamos que es algo que no podemos controlar y que tampoco importa, porque en cualquier caso adoramos a esa criatura.

¿Influye el sexo de nuestro bebé en nuestra manera de educarle? Si hemos crecido con el movimiento feminista lo normal es que rechacemos los estereotipos sexuales. En nuestra vida hemos luchado para conseguir nuestros objetivos y estamos en contra de los clichés respecto a las capacidades «innatas» de los hombres y las mujeres. Por lo tanto, cuando empezamos a darnos cuenta de que los niños y las niñas se comportan de un modo diferente puede resultarnos curioso. Antes se pensaba que estos comportamientos eran el resultado de la socialización. Ahora los expertos están demostrando que hay diferencias entre los niños y las niñas que no se pueden explicar basándose únicamente en factores medioambientales. Como madres debemos reconocer y aceptar esas diferencias sin limitar a nuestros hijos por el sexo con el que han nacido.

Quiero una hija

Nos sentimos cómodas con las hijas porque tenemos el mismo cuerpo y la misma identidad femenina.

Muchas mujeres nos pasamos el embarazo deseando tener una niña. Queremos una hija porque conocemos a las niñas. Nos sentimos cómodas con las hijas porque tenemos el mismo cuerpo y la misma identidad femenina. Si estamos unidas a nuestras madres nos gustaría compartir esa relación privilegiada con una hija propia. Pensamos que nuestra hija será nuestra amiga y nos imaginamos charlando amigablemente con ella cuando crezca. Nos hace ilusión tener hijas en un mundo en el que las mujeres tienen tantas oportunidades, y nos agrada la idea de compartir los avances de nuestra generación con la siguiente.

Las experiencias positivas con los miembros femeninos de nuestra familia pueden influir en nuestro deseo de tener una niña. Cynthia, que tiene tres hijas, habla de lo unida que estaba a las mujeres de su familia y de lo importante que era para ella tener esa relación con su propia hija: «Cuando en mi primer embarazo la gente me preguntaba si quería un niño o una niña yo decía que quería una niña. Era muy poco correcto, porque se supone que debes decir que lo único que quieres es un bebé sano. Pero yo quería una niña. Me llevo muy bien con las mujeres de mi familia, y deseaba tener por lo menos una niña. Cuando nació mi primera hija y me dijeron que era una niña pensaba que me había muerto y estaba en el cielo. Mi deseo se ha cumplido dos veces más».

Si tenemos hermanas es lógico que nos sintamos más cómodas con las niñas. Dana, que tiene una hija de dos años y medio, dice que creció en una familia de chicas y que se encuentra a gusto con otras mujeres: «Me encanta tener una hija, porque nuestra relación es muy especial. Sé que también sería feliz con un niño, pero en mi familia siempre han dominado las mujeres. Cuando mis hermanas y yo le preguntábamos a mi padre si le hubiera gustado tener un chico decía que no cambiaría a sus hijas por nada. Yo creo que es mejor que tenga una hija, porque de una forma innata me relaciono mejor con las chicas que con los chicos».

Cuando estaba embarazada Cecily deseaba tener un niño, pero ahora está muy contenta con su hija y espera que su experiencia como mujer le ayude a orientarla a medida que crezca: «Durante el embarazo quería tener un niño. No se trataba de tener antes un hijo para que hubiera un hermano mayor, sino de quitarme de encima una «obligación». Aunque no lo decía, sé que mi marido quería un chico. Cuando me hicieron la ecografía me quedé un poco decepcionada. No es que no me ilusionara tener una niña, pero pensaba que en el siguiente embarazo me iba a sentir más presionada. Ahora me encanta tener una hija, porque la entiendo muy bien. Estoy segura de que comprenderé los problemas que deba afrontar cuando crezca, y espero poder ayudarla a tomar las decisiones correctas y a encontrar su camino en el mundo».

Me encanta tener un hijo

*Para muchas madres, la relación con un niño
es más afectuosa y sencilla.*

Muchas mujeres siempre hemos querido tener un niño porque pensamos que el primogénito debe ser un chico o porque queremos que los hijos que vengan después tengan un hermano mayor. Creemos que para nuestros maridos es importante tener un hijo varón con el que puedan sentirse unidos. Y quizá nos agrade la idea de que nuestro hijo lleve el apellido familiar. Algunas tienen aficiones de carácter «masculino» (por ejemplo los deportes), y les gustaría compartir esas actividades con un chico. Quieren que sus hijos tengan las mejores cualidades masculinas y que sean a la vez sensibles y cariñosos. Y otras creen que es más fácil ser hombre en nuestra cultura y prefieren evitar los problemas que suelen plantear las niñas. Para muchas madres, la relación con un niño es más afectuosa y sencilla.

Las razones para tener un hijo pueden estar relacionadas con las experiencias de nuestra infancia. Diane comenta: «Quería un hijo desesperadamente. Yo era la mayor de mi familia, y le llevaba a mi hermano varios años. Siempre pensé que habría sido estupendo tener un hermano mayor. Además mi madre se murió cuando era muy joven, y no pude tener con ella una relación cercana. Crecí sin un modelo de referencia femenino sólido, y no me sentía capaz de educar a una niña. Me parecía más fácil tener un hijo, sobre todo en la adolescencia. Yo fui una adolescente muy emocional, y para mí fue una época muy difícil. Los chicos son más físicos que emocionales, y más fáciles de comprender. Ser madre de un niño me parecía menos complicado que criar a una niña».

Polly quería tener un hijo porque sabía lo importante que era para su marido: «La razón principal de que quisiera tener un niño era que mi marido quería un hijo. Le asustaba mucho tener una hija, sobre todo una hija adolescente. Cuando nos dijeron que íbamos a tener un niño me quedé tan aliviada que me eché a llorar. No quería que mi marido se sintiera decepcionado. No me preocupaba que el niño tuviera mucha energía. Soy muy atlética, y sabía que podría soportarlo. De hecho, me gustaba la idea de tener un hijo activo y sociable».

A veces tenemos que superar la decepción inicial para que nuestro hijo tenga un lugar especial en nuestro corazón. Julia, que deseaba tener una hija durante el embarazo, dice: «Estaba desesperada por tener una niña. Mis intereses son tan femeninos que sabía que me llevaría bien con ella. Cuando me enteré de que iba a tener un niño no dejaba de preguntarle a mi marido: "¿Qué voy a hacer con un chico?". No sabía qué tipo de actividades podríamos compartir, y por lo tanto no me imaginaba cómo sería nuestra relación. Una de las cosas que más miedo me daba era que no me necesitara. Pero ahora estoy encantada con mi hijo y no podría imaginarme la vida sin él. De hecho, aunque aún me gustaría tener una niña, siento un poco de pena por las amigas que no van a disfrutar de la maravillosa experiencia de criar a un niño».

Tener un hijo puede cambiar nuestra forma de ver la vida. Joanne, que tiene dos hermanas, dice que tener dos hijos le ha hecho ver las cosas de un modo diferente: «Cuando nació mi primer hijo me quedé un poco decepcionada, pero se me pasó tan pronto que apenas lo recuerdo. Ante todo sentí un gran alivio por haber tenido un niño sano. Ahora tengo dos hijos, y aunque las cosas de las niñas me deberían parecer más naturales las veo como algo ajeno. Ahora presto más atención a los chicos, y para mí es importante porque me da la impresión de que las madres que tienen hijas se sienten superiores. Los niños tienen peor reputación, pero a mí me encanta tener dos hijos del mismo sexo. Jamás habría imaginado que iba a defender a los chicos y la cultura masculina».

Me alegro de tener un hijo y una hija

Nos gusta la idea de que cada padre tenga la posibilidad de educar a un niño que es «como nosotros».

A muchas mujeres nos encanta tener un hijo y una hija. Con las niñas esperamos establecer ese vínculo que une a las madres y las hijas, y con los niños disfrutamos de una relación especial con un hijo de otro sexo. Nos gusta la idea de que cada padre tenga la posibilidad de educar a un niño que es «como nosotros». Además creemos que nuestros hijos se sentirán cómodos con el sexo opuesto al crecer en una familia en la que hay niños y niñas. Y algunas pensamos que al tener «uno de cada» nuestra familia está «completa».

Tener un hijo y una hija nos ofrece la oportunidad de experimentar diferentes tipos de relaciones. Joyce comenta que la relación con su hija es distinta a la que tiene con su hijo: «Quería tener una niña, y estoy loca con mi hija. Siempre pensé que si no tenía una niña me perdería algo importante, esa relación madre/hija que es a la vez exasperante y maravillosa. Es una experiencia muy gratificante. Pero también me encanta tener una relación maternal con el sexo opuesto, porque siempre me he llevado muy bien con mi padre. Entre mi hijo y yo hay un cariño muy especial, quizá porque nuestros caracteres encajan bien. Con cada uno tengo una relación diferente. Supongo que es una cuestión de género».

Ann Marie dice que le gusta tener un hijo y una hija: «Es estupendo tener un niño y una niña. Me alegro de haber tenido esa experiencia como madre. A veces siento que mis hijos no tengan un hermano del mismo sexo, porque creo que estarían más unidos. Lo más importante es que los dos se sientan cómodos juntos, porque siempre se encontrarán con niños de ambos sexos. Tener niños y niñas es diferente. A mi hija la considero una compañera, y mi hijo es como un novio pequeño».

Para algunas, el sexo de nuestros hijos no influye en absoluto. Eleanor, que tiene un hijo y una hija de menos de dos años, dice que no le importaba tener niños o niñas: «Nunca he tenido preferencias. Es curioso, porque ahora que tenemos un hijo y una hija la gente nos dice que somos una familia perfecta. ¿Por qué piensan eso? También estaría encantada con dos niños o dos niñas. La familia perfecta es aquella en la que los cuatro podamos vivir juntos pacíficamente bajo el mismo techo».

Las niñas y los niños son diferentes

Incluso antes de que nazcan, el cerebro de los niños y de las niñas comienza a desarrollarse de un modo diferente, y empiezan a identificarse muy pronto como hombres y mujeres.

Cuando los niños son pequeños es difícil determinar si ciertos comportamientos se deben al sexo, al orden de nacimiento o a la personalidad individual. En muchos sentidos un bebé es un bebé, y todos los niños experimentan un desarrollo físico similar hasta los siete años. Sin embargo, muchas madres han observado que los niños y las niñas actúan de distinto modo. Esta diferencia de comportamientos es perfectamente normal y comienza a manifestarse a los tres años. Pero al haber crecido en la era feminista nos quedamos sorprendidas al ver que nuestros hijos se comportan de maneras que tradicionalmente son tan «masculinas» o «femeninas».

Según los expertos el sexo no siempre determina el comportamiento, pero crea tendencias hacia ciertos rasgos. El entorno, la socialización y la personalidad influyen mucho en la vida de un niño. Pero incluso antes de que nazcan, el cerebro de los niños y de las niñas comienza a desarrollarse de un modo diferente, y empiezan a identificarse muy pronto como hombres y mujeres.[38] Nuestro objetivo como madres es orientar el desarrollo de la identidad de nuestros hijos y proporcionarles oportunidades a lo largo de su vida que no estén condicionadas por su sexo.[39]

Mi hija sólo va de rosa

Con sólo tres o cuatro días, las niñas se fijan en los rostros humanos más tiempo y con más atención que los niños.

Aunque creemos que hay que ayudar a cada niño a encontrar su propio camino, muchas veces nos sorprende que el típico comportamiento «femenino» siga vigente entre nuestras hijas. La antigua sentencia de que a las niñas les interesa la «gente» y a los niños las «cosas» parece estar basada en la observación científica. Los investigadores han comprobado que estas tendencias comienzan a manifestarse a los pocos días de nacer.

Como señalan Jeanne y Don Elium en su libro *Raising A Daughter*, las niñas se definen a sí mismas en el contexto de su relación con otras personas. Con sólo tres o cuatro días, las niñas se fijan en los rostros humanos más tiempo y con más atención que los niños.[40] Miran a los ojos mucho más tiempo y por lo general se distraen menos.[41] El cerebro de las niñas está programado para recibir y procesar información de un modo que hace que sean más sensibles que los niños desde que nacen.[42] Una profesora de preescolar con la que hablé ha observado que para cuando tienen tres años las niñas comienzan a desarrollar relaciones individuales con otros niños, son más conscientes de las relaciones con sus compañeros y muestran más interés por las actividades en las que se relacionan con los demás. Aunque los investigadores no han descubierto aún por qué muchas niñas de tres años sólo van de rosa, una gran cantidad de madres han tenido que vivir con ese fenómeno a diario.

Para afrontar las cuestiones relacionadas con el sexo es necesario tener sentido del humor. Emily, que según sus palabras era un chicazo de pequeña, tiene una hija de tres años y medio que por el contrario es muy «femenina»: «Nuestros esfuerzos para educar a nuestra hija en un entorno neutral son cómicos. Tenemos camiones, bloques y dinosaurios, pero ella prefiere las muñecas y los cochecitos. Su color favorito es el fucsia.

Le encantan los vestidos, y ponerle unos vaqueros es todo un triunfo. He llegado a pensar que estas cosas vienen predeterminadas».

Sin embargo, entre las niñas hay una gran variedad de comportamientos, y no todas encajan en los estereotipos. Daphne, que tiene dos hijas gemelas de cuatro años, dice que una de ellas es muy «femenina» mientras que la otra parece un chico en muchos sentidos: «Las dos son muy movidas. Pero a una le gustan las muñecas, los cochecitos y los disfraces y a la otra no le interesan nada esas cosas. Ésta es muy activa, y mientras esté corriendo o saltando es feliz. Tengo que aceptarlo y permitir que cada una sea como es».

La primera palabra de mi hijo fue «camión»

Se ha comprobado que desde la infancia los niños tienen más tendencias agresivas y son más activos físicamente que las niñas.

Michael Gurian dice en su libro *The Wonder of Boys* que la agresividad y los riesgos físicos son consustanciales a los chicos a causa del predominio de la testosterona. Se ha comprobado que desde la infancia los niños tienen más tendencias agresivas y son más activos físicamente que las niñas.[43] Al llegar al preescolar los niños tienden ya a jugar en grupo, se pegan y les gusta jugar con camiones, espadas y pistolas. Por lo general son más competitivos que las niñas y prefieren los juegos físicos. Además, suelen tener menos empatía con la gente que sufre y son más provocativos en su relación inicial con sus compañeros.[44]

Una vez más, esto no significa que todos los niños actúen de esta manera, pero la mayoría muestra algunos de estos comportamientos. La psicóloga Evelyn Bassoff afirma que las madres deben comprender y aceptar esta «energía viril» y asegurarse de que está bien canalizada.[45] Dejando a un lado las investigaciones, ¿a quién no le sorprende el ingenio con el que nuestros hijos convierten cualquier objeto (incluida una Barbie) en un arma?

A las que hemos crecido con el movimiento feminista puede desconcertarnos la atracción de nuestros hijos por determinados juguetes.

Serena comenta que su hijo de dos años nació con una clara inclinación hacia los camiones y los coches de bomberos: «Cuando era pequeño no sólo le dábamos camiones. También tenía muñecos de peluche y puzles, pero él prefería los camiones. No sé de dónde le viene, pero fue él quien comenzó con todo eso. Desde que era muy pequeño, cada vez que veía un coche de bomberos se ponía como loco. Yo no se lo he inculcado, porque no tengo ningún interés en ello».

A veces los niños pueden ser agotadores físicamente. Eve, que tiene dos hijos y está embarazada del tercero, dice: «Los chicos son muy activos y tienen mucha energía. No conozco otra cosa porque sólo tengo niños, pero al comparar mi experiencia con la de las amigas que tienen niñas veo que es diferente. Me dicen que sus hijas se sientan en la cocina y leen cuentos mientras ellas preparan la cena, o que les encanta jugar en su habitación con sus pinturas. Eso no ocurrirá jamás en mi casa. Siempre tengo que estar pendiente de que no se caiga ningún mueble».

Samantha tiene tres hijos que no se ajustan al estereotipo habitual: «Mis hijos no son nada agresivos. De hecho, a veces creo que les vendría bien tener un poco más de agresividad, pero prefiero enseñarles a ser asertivos. Mi hijo mayor no ha pegado a nadie en su vida, ni siquiera cuando de pequeño se sentía frustrado, y él ha marcado la pauta. El segundo podría haber pegado más, pero no lo hacía porque el mayor no le respondía. El tercero tiene un temperamento diferente. Intenta pegar a sus hermanos en la cabeza para ver cómo reaccionan, pero si no le hacen caso no se produce el jaleo que le gustaría provocar».

Mi hijo y mi hija no actúan de la misma manera

Aunque intentemos tratar a nuestros hijos del mismo modo, acabamos descubriendo que las niñas y los niños juegan de forma diferente, hablan de forma diferente y solucionan los problemas de forma diferente.

Evelyn Bassoff, que ha estudiado las relaciones entre madres e hijas y entre madres e hijos, dice que no es lo mismo educar a un niño que a una niña, y que como madres debemos respetar esas diferencias.[46] Aunque intentemos tratar a nuestros hijos del mismo modo, acabamos descubriendo que las niñas y los niños juegan de forma diferente, hablan de forma diferente y solucionan los problemas de forma diferente. Si somos conscientes de esas diferencias podremos ayudar a cada uno a expresarse tal y como es.

Los gemelos proporcionan ejemplos muy interesantes de comportamientos predeterminados. Heidi, cuyos gemelos, un niño y una niña, tienen cinco meses, ve ya diferencias entre los dos: «Intentamos tratarlos de la misma manera, pero todos los regalos que recibimos cuando nacieron eran rosas y azules. Es difícil no estereotiparlos, porque algunos de sus comportamientos son típicamente «masculinos» o «femeninos». En muchos sentidos siempre han sido así. Mi hijo es muy activo, y mi hija es mucho más tranquila y reflexiva. Mi hijo tira todos los juguetes de su cuna. Mi hija se lo piensa mucho antes de coger cualquier cosa. En cierto modo algunos estereotipos son reales. Por otro lado, mi hijo es mucho más cariñoso que mi hija. Ella también es cariñosa, pero más distante. Todavía no tienen juguetes diferentes, pero pensamos animarles a jugar con lo que quieran. Aún es demasiado pronto para saber cómo serán y qué haremos con ellos».

Heidi prosigue: «Mis hermanas y yo íbamos a un colegio de chicas, y de pequeña creía que podía hacer lo mismo que los niños. Durante un tiempo era más alta que la mayoría de los chicos, así que incluso físicamente me sentía capaz de hacer cualquier cosa. No sé si mi hija se sentirá así al crecer con un hermano. Descubrirá las diferencias mucho antes, y desde el principio verá que su hermano es más grande; ya era más grande al nacer. Será interesante ver si tendrá la misma confianza que tenía yo cuando era pequeña».

¿A qué se deben determinados comportamientos, al sexo o a la personalidad? Normalmente es difícil saberlo. Rose habla de las diferencias entre sus gemelos de tres años, pero desconoce la causa de esa diferencia de comportamientos: «Mi hijo es más llevadero. Por ejemplo no le importa nada la ropa, mientras que mi hija da mucha importancia a lo que se pone. Se le ha metido en la cabeza que sólo quiere ir de rosa. Y últimamente coge su bolso cada vez que salimos. (Es posible que me esté imitando.) No le gustan los grupos grandes, y se pega más a mí cuando estamos con mucha gente, pero yo creo que mi hijo está más unido a mí. Cuando me da un abrazo lo hace de verdad. Con la niña no lo siento tanto. No sé si se debe a su sexo o a su forma de ser, pero es interesante observar esas diferencias».

Quiero que mi hija sea fuerte

La relación madre/hija es la base de la identidad y el bienestar de nuestras hijas.

Las madres que tenemos hijas esperamos que sean fuertes y comprensivas, asertivas y respetuosas, independientes pero a la vez capaces de tener relaciones satisfactorias con los demás. Queremos potenciar su autoestima y apoyarlas en su proyecto de tener una carrera y una familia. Queremos ampliar sus actitudes y preferencias e incrementar sus opciones para que se desarrollen como mujeres. Cuando son pequeñas hacemos esto animándolas a ser físicamente activas para que tengan confianza en sí mismas, y dándoles juguetes que les ayuden a desarrollar su capacidad para resolver problemas y su talento creativo.[47] También intentamos no protegerlas en exceso, y les decimos que además de ser guapas son inteligentes.

Bassoff afirma que las niñas se desarrollan dentro de las relaciones y que normalmente se identifican mucho con sus madres.[48] La relación madre/hija es la base de la identidad y el bienestar de nuestras hijas. Somos nosotras las que les enseñamos lo que significa ser mujeres. A diferencia de los niños, las niñas se siguen identificando con sus madres incluso cuando adquieren autonomía. Aunque intentemos no reducir las actividades de nuestras hijas a las tradicionalmente femeninas, a veces nos pueden sorprender interesándose únicamente por llevar a su muñeca en el cochecito, pintarse las uñas o vestirse de novias.

Al educar a nuestras hijas muchas tratamos de ofrecerles experiencias «tradicionales» y «no tradicionales». Amy, que tiene una hija de ocho meses, dice que ella y su marido están intentando crear un entorno en el que pueda desarrollar muchos aspectos de su personalidad:

«Soy feminista, y siempre he intentado ayudar a las jóvenes profesionales, así que quiero compartir mis experiencias con mi hija y ayudarla a superar los momentos difíciles. Estoy en contra de que se haga creer a las niñas que lo único que pueden ofrecer es su imagen. Cada vez que le decimos a mi hija que es muy guapa también procuramos decirle que es fuerte e inteligente. Quiero que saque partido de sus cualidades femeninas, que sea coqueta y atractiva, pero también quiero que tenga fuerza interior y resolución. Quiero que se sienta segura de sí misma y que sea capaz de desenvolverse en cualquier campo».

Cynthia anima a sus hijas a cultivar una gran variedad de intereses, no sólo los típicamente femeninos, a la vez que les enseña a respetar su papel como ama de casa: «Intento no tratar a mis hijas de un modo sexista. Realizan actividades de carácter femenino, como el ballet, pero también juegan al fútbol. Intento no ponerles límites, pero también les dejo hacer cosas de niñas. De vez en cuando mi hija mayor me pregunta: "¿Tú por qué no trabajas, mamá?". Entonces le digo que estudié durante mucho tiempo para ser médico, y que trabajé como médico igual que papá antes de quedarme en casa. Ahora mi trabajo es ser una buena madre. De esa manera intento aleccionarlas a la vez que les explico cuál es mi papel y les cuento algunas cosas de mi vida».

Nuestras hijas pueden ayudarnos a recuperar aspectos olvidados de nosotras mismas. Grace, que desde que tiene una hija ha vuelto a apreciar el espíritu femenino, comenta: «Mi hija es muy sensible. Antes de ser madre pasé muchos años en el mundo de los negocios desarrollando mis rasgos más «masculinos», y tener una hija tan «femenina» me ha hecho abrir los ojos. Cuando veo lo afectuosa que es pienso que no es tan malo que sea comprensiva y sensible. Espero que cuando crezca se sienta segura de sí misma sin perder esas cualidades femeninas que le permitirán conectar con los demás».

Celebrar ritos de transición es una buena manera de apoyar a nuestras hijas. Janet cree que se deberían reconocer los logros de las niñas para dar sentido a su vida. Aunque sus hijas son aún pequeñas, ya está pensando cómo va a celebrar los acontecimientos importantes: «Pienso mucho en los ritos de transición. Hace poco fui a un Bat Mitzvah y me fijé en lo que me gustaba y en lo que no. A mis hijas les queda aún mucho tiempo, pero a veces me pregunto: "¿Qué quieres que haya conseguido tu hija a los trece años? ¿Qué quieres que haga antes de llegar a la siguiente fase a los dieciocho o los veintiuno? ¿Qué tipo de cosas debería plantearse una niña de su edad?". Con estas celebraciones las niñas pueden conocerse mejor y darse cuenta de que son importantes».

Espero que mi hijo sea comprensivo

Como madres, una de nuestras tareas es sentar las bases para que nuestros hijos tengan una visión positiva de las mujeres.

La mayoría de las madres queremos que nuestros hijos sean fuertes y seguros, pero también responsables, sensibles y comprensivos. Queremos que respeten a las mujeres y se preocupen por los demás. Y sin duda alguna queremos que sean capaces de comunicarse. A veces nos inquieta que los chicos sean físicamente tan activos y nos preguntamos cómo vamos a controlar toda esa energía. Nos preocupa pasar muchos momentos de angustia evitando peligros o llevándoles a urgencias. Sin embargo, Bassoff dice que debemos aceptar y disfrutar de la energía física de los chicos, y que nuestros hijos nos permiten descubrir nuestro espíritu travieso y aventurero.[49]

Aunque los niños de ambos sexos se separan de sus madres, las niñas y los niños no viven de la misma manera este proceso. Al ser como ellas, las niñas se siguen identificando con sus madres incluso cuando son independientes. En cambio, los niños se alejan de la madre y se acercan al padre o a una figura paterna.[50] Este proceso comienza en la infancia y continúa hasta la adolescencia. Los psicólogos afirman que una madre debe ayudar a su hijo a separarse permitiéndole que vuelva a ella cuando necesite apoyo maternal. Esta separación es perfectamente normal en una relación que no tiene por qué romperse.

Al educar a un hijo tenemos la oportunidad de fomentar las mejores cualidades femeninas y masculinas. Judy, que tiene un hijo de cuatro meses, dice: «Muchas veces me planteo si haría las cosas de otro modo si tuviese una hija. Pero no lo sabré hasta que pasen por lo menos cinco años. He hablado de esto con mi madre, y dice que en los años cincuenta y sesenta hizo un gran esfuerzo para tratarme igual que a mis dos hermanos. En parte pienso que criar a un hijo es una oportunidad extraordinaria para educar a un hombre fuerte y sensible».

Cuando les dan la oportunidad, algunos niños disfrutan con las actividades tanto «masculinas» como «femeninas». Gabrielle habla de los diferentes comportamientos que muestra su hijo de cuatro años: «Mi marido y yo hemos intentado ser neutrales al educar a nuestro hijo. Es sorprendente que tengan inclinaciones femeninas o masculinas desde que son tan pequeños. Mi hijo tiene muñecas, trenes, camiones, disfraces y pinturas, y le encanta todo eso. Le animamos a jugar con lo que quiera, excepto con armas, que también le gustan mucho. A los cuatro años no se ha definido aún. Tiene amiguitos y amiguitas. Le encanta jugar a las casitas y con sus trenes, aunque últimamente cada vez le atraen más los juegos agresivos. Hace poco, con su gorro de cocinero y una sartén en la mano, dijo que a las niñas les gustan las cosas bonitas y a los niños las cosas fuertes. Nuestro objetivo es que se convierta en un hombre sensible, que se dé cuenta de que hay diferencias entre los dos sexos pero que ambos son igualmente respetables».

Como madres, una de nuestras tareas es sentar las bases para que nuestros hijos tengan una visión positiva de las mujeres. Charlotte, que tiene dos hijos, dice: «Me encanta tener niños. Para mí es un alivio no tener que ser su principal modelo de referencia y poder demostrarles lo que son capaces de hacer las mujeres. Mi marido y yo tenemos una relación igualitaria, y mis hijos ven que su madre es una mujer fuerte con las mismas responsabilidades y el mismo nivel económico dentro de la familia. Yo puedo esquiar, correr y trabajar. Papá puede cocinar, limpiar y hacer la colada. Intentamos educarles para que sean comprensivos y respetuosos con las mujeres».

En las familias de mujeres es importante tener un modelo de referencia masculino sólido. Nancy, que es madre lesbiana, sabe la importancia que tiene crear un entorno en el que haya hombres a los que pueda recurrir su hijo cuando comience a descubrir lo que significa ser un hombre: «Es un reto especial para una madre soltera o una pareja de lesbianas con un hijo del sexo opuesto, o para un matrimonio que adopta un niño de otra raza. En esos casos es crucial darles a los niños la oportunidad de verse reflejados en un amigo adulto. Si tienen dudas pueden acudir a esa persona si tienen con ella alguna afinidad. Yo creo que para los niños es importante que a veces haya a su alrededor gente como ellos, aunque sólo sea por el físico. Quiero que mi hijo vea cuerpos de hombres y se dé cuenta de que son diferentes a los de las mujeres. Si somos conscientes de eso y lo respetamos todo lo demás irá bien».

Bassoff señala que los niños afrontan los riesgos físicos de un modo distinto a las niñas, sobre todo en la adolescencia.[51] Nuestro instinto protector hace que a veces nos resulte difícil aceptar la naturaleza física de nuestros hijos. Brenda comenta: «Me parece que voy a tener que superar el temor a que mi hijo se haga daño. No creo que a él le asuste nada, pero yo tengo miedo por él. Ése es el gran reto para mí. ¿Cómo le puedo dar libertad sin dejar que le pase nada? No quiero que le dé miedo el mundo. No quiero que sea un cobarde. Quiero que salga por ahí, pero cuando vuelve a casa con la cara hinchada porque se ha caído en el patio me siento fatal. Hace poco la hija de una amiga se hizo un arañazo terrible en la cara al caerse, y me di cuenta de que es algo que le puede pasar a cualquier niño».

Aunque sabemos que es justo y necesario, pensar que nuestros hijos van a abandonarnos puede ser muy duro. Julia teme que su hijo se separe de ella, pero espera mantener con él una relación cercana cuando eso ocurra: «Lo que más miedo me da es la separación. Sé que es necesario para que mi hijo crezca, y que tengo que aceptarlo, pero me va a costar mucho. Me duele pensar que voy a perder esa intimidad durante un período de tiempo. En teoría volverá, pero de un modo diferente. He leído mucho sobre el tema, y una de las cosas que se me ha quedado grabada es que aunque un hijo debe separarse de su madre, también es importante que se mantenga unida a él y no le permita cerrarse emocionalmente. Puedo enseñar a mi hijo a vivir con coherencia siguiendo las normas masculinas, pero también pretendo crear en casa un entorno en el que pueda mostrar cariño y comprensión. Quiero evitar que haya otra generación de hombres con carencias emocionales».

Quiero que mis hijos sean felices

Al vivir en una época en la que los papeles tradicionales están cambiando, queremos educar a nuestros hijos de un modo igualitario.

A las madres que tienen hijos e hijas les resulta más fácil hacer comparaciones y determinar si los tratamos de un modo diferente. Estas madres atribuyen algunas de las diferencias de comportamiento de sus hijos al sexo, y otras a la personalidad y al orden de nacimiento. La mayoría creemos que los niños pueden hacer o ser cualquier cosa con el apoyo adecuado y, por lo tanto, intentamos dar a nuestros hijos las mismas oportunidades. Sin embargo, cuando los niños muestran actitudes típicamente «masculinas» o «femeninas», a veces reforzamos esos comportamientos sin darnos cuenta.

Ann Marie, que tiene una hija de tres años y medio y un hijo de un año y medio, dice: «No trato a mis hijos del mismo modo. Estudié pedagogía, y soy consciente de ello. En gran parte se debe a las expectativas que tengo respecto a ellos. Espero que mi hija sea amable y se comporte bien. Hace poco una amiga y yo llevamos a nuestras hijas a tomar el té. Mientras nosotras charlábamos las niñas se sentaron allí tranquilamente y estuvieron muy entretenidas. No creo que se me ocurra hacer algo así con mi hijo, porque no espero que sea capaz de quedarse quieto. Por otro lado, no sé si quiero que esté tranquilo y se lo pase bien tomando el té en una cafetería».

Ann Marie compara además la relación afectiva que tiene con sus hijos: «Tengo la sensación de que mi hija estará ahí para siempre. Con mi hijo sé que tengo que abrazarle todo lo que pueda ahora, porque en algún momento no podré hacerlo. Es muy cariñoso –quizá más que mi hija a su edad–, pero sé que cuando tenga seis años no va a querer que le dé un beso cuando se vaya a la escuela».

¿Queremos de un modo diferente a los hijos y a las hijas? Antes de tener a su tercer hijo, a Monica le preocupaba no estar tan cerca de él como de sus dos hijas mayores: «Estoy realmente encantada con este niño. Es cierto que las madres quieren a los hijos de forma distinta que a las hijas. También tengo menos preocupaciones con él. Con las niñas espero conseguir que sean fuertes además de femeninas, e intento ayudarlas a ser felices y a tener éxito en la vida. A mi hijo simplemente le adoro. En cierta manera es su padre el que tiene que enseñarle a ser fuerte y masculino. Yo sólo le abrazo y le hago reír. ¡Es una delicia!».

A veces tratamos a nuestros hijos de forma distinta debido a otras personas. Polly, que tiene un hijo de dos años y medio y una hija recién nacida, dice que es difícil no educar a los niños de diferente modo en parte porque no somos las únicas que influimos en ellos: «Todo empieza cuando reciben los regalos al nacer. La gente compra cosas distintas dependiendo del sexo del bebé. Pero parte de su comportamiento se debe a su forma de ser. A mi hijo siempre le han gustado los balones y los autobuses, y su primera palabra fue «camión». Aunque no quiero empezar a tratarlos de distinta manera, cuando el otro día estaba revisando la ropa de mi hijo para ver si le podía servir a mi hija pensé: "No voy a ponerle esto. Es demasiado masculino". Es muy pronto para saber qué haré, pero estoy intentando ser ecuánime con ellos. Ante todo espero que mis hijos sean felices y tengan éxito en cualquier cosa que quieran hacer».

Al vivir en una época en la que los papeles tradicionales están cambiando, queremos educar a nuestros hijos de un modo igualitario. Desde que son pequeños podemos empezar a sensibilizarlos respecto a los prejuicios sexistas que prevalecen en nuestra cultura. Pero además de las influencias sociales, gran parte de la identidad de nuestros hijos está determinada por diferencias bioquímicas, hormonales y cerebrales. Sin aceptar los estereotipos que establecen cómo deberían ser los niños y las niñas, podemos reconocer las diferencias y utilizar esa información para canalizar su comportamiento de la forma más adecuada. Como padres debemos educar niños sin prejuicios, pero también tenemos que ser conscientes de que algunos de sus comportamientos están programados en sus genes. En otras palabras, no es necesariamente un retroceso para el feminismo que el modelo favorito de nuestra hija sea un tutú, o que a nuestro hijo de tres años le fascine cómo funciona una segadora.

SIETE

¿Estamos preparados para tener más hijos?

*Esta vez no he hecho nada.
Me habían dicho que el segundo
parto es muy fácil;
prácticamente sólo tienes
que pasar por el hospital
para recoger a tu bebé. Además,
ya lo sabía todo después
de haber pasado por esa
experiencia una vez.*
ADAIR LARA

> *Con nuestro primer hijo insistíamos en que terminara las espinacas antes de darle las pasas. Con el segundo nos conformábamos con que terminara las patatas fritas antes de comer el chocolate.*
>
> UNA MADRE DE TRES HIJOS

Después de ser madres durante un tiempo hemos decidido tener otro hijo. Aunque sabíamos qué podíamos esperar, el segundo embarazo ha sido más duro que el primero. Se nos había olvidado cuánto afecta la falta de sueño a nuestro estado de ánimo. Nos hemos pasado los últimos meses sintiéndonos culpables por desplazar a nuestro primer hijo. Y ahora que el bebé está aquí nuestro hijo mayor está tan irritado que no sabemos qué hacer con él. ¿Ha sido una buena idea?

Por otro lado, el segundo parto no nos ha asustado tanto porque sabíamos qué iba a pasar. Estamos mucho más relajadas como madres. Cuidar a un recién nacido por segunda vez no es tan estresante. Nuestra vida está ya centrada en los niños, así que no tenemos que hacer demasiados cambios. Además, se nos había olvidado lo encantador que puede ser un bebé. Y cuando nuestro hijo mayor es cariñoso con el recién nacido pensamos que algún día podrán ser amigos. Puede que no estuviésemos tan chifladas al tomar esa decisión.

Estoy pensando en tener otro hijo

Un hermano es alguien con quien nuestro primer hijo puede jugar, aprender a negociar, compartir las tradiciones familiares y en última instancia aliarse contra nosotros como padres.

¿Qué nos impulsa a tener un segundo hijo? El 80 por ciento de las familias americanas tienen dos o más hijos,[52] y por lo tanto nuestro concepto de familia suele incluir más de un hijo. Como madres mayores podemos empezar a pensar en el segundo hijo poco después de la llegada del primero. Muchas decidimos tener otro bebé porque no queremos que nuestro primogénito sea hijo único, o porque queremos tener la oportunidad de educar a un niño y a una niña. Además, pensamos que a nuestro hijo le vendrá bien tener un hermano o una hermana. Un hermano es alguien con quien nuestro primer hijo puede jugar, aprender a negociar, compartir las tradiciones familiares y en última instancia aliarse contra nosotros como padres.

Puesto que ya éramos mayores cuando tuvimos el primer hijo, la edad influye en gran medida en nuestra decisión de tener el segundo. Wendy, que tiene una hija de dieciocho meses y está embarazada de diez semanas, dice: «Me habría gustado tenerlos más separados, pero yo tengo treinta y siete años y mi marido cuarenta, y ya no somos tan jóvenes. Así que cuando llegó el momento en el que se llevarían dos años convencí a mi marido para tener otro bebé. No quería que nuestra hija fuese hija única. No tendría con quién jugar. Y seríamos una carga para ella si tuviese que cuidarnos sola cuando seamos mayores».

Algunas siempre hemos sabido que queríamos tener más de un hijo. Emily, que tiene dos hijos de tres años y nueve meses, afirma: «Siempre hemos querido tener por lo menos tres hijos. Nos encanta el jaleo y el ambiente familiar. Pero no sabíamos cuánta diferencia de edad queríamos que hubiera entre ellos. No teníamos las cosas tan planificadas. Cuando nuestra hija tenía dieciocho meses los dos sentimos que estábamos preparados para tener el segundo hijo. En cuanto al tercero, esperaremos un poco aún. Si los embarazos me fueran bien y creyera que es adecuado socialmente tendría un montón de hijos».

Estar embarazada no es tan divertido la segunda vez

Una de las ventajas del segundo embarazo es que para la mayoría el parto es más fácil y rápido.

Hay unas pocas afortunadas para las que el segundo embarazo es mejor que el primero. Sin embargo, por lo general estar embarazada del segundo hijo es más difícil. La mayoría lo «notamos» antes. Tenemos náuseas con más frecuencia, nos duele más la espalda y nuestras varices están más pronunciadas. Además, no nos sentimos tan especiales como en el primer embarazo. Es más difícil poner los pies en alto o echar una cabezada cuando tenemos que cuidar también a un niño pequeño, por no hablar de la pareja, la casa y en muchos casos el trabajo.

El segundo embarazo suele ser muy diferente del primero. Eve dice: «La segunda vez ni siquiera tenía tiempo para pensar que estaba embarazada. La primera vez me sentía especial porque tenía un secreto maravilloso. Pero la segunda vez estaba tan cansada y preocupada que sólo me daba cuenta de que estaba embarazada cuando me ponía la ropa. Con pasar el día me daba por satisfecha».

El embarazo puede afectar a la relación con nuestro primer hijo. Stacey, que tiene una hija de dos años y acaba de tener a su segundo hijo, habla de lo difícil que le resultaba jugar con su hija mayor cuando estaba embarazada: «Uno de los mayores inconvenientes del embarazo fue que en los últimos meses no podía hacer con mi hija lo que hacía antes. Tenía una casita con la que le encantaba jugar, pero yo estaba tan gorda que no podía entrar en ella. Me costaba levantarla y meterla en la cuna, y hasta cambiarle los pañales era un problema. Lo que más me encanta de no estar ya embarazada es que puedo tener más contacto físico con ella. Puedo cogerla, abrazarla y hacer todas las cosas que le gustan. Durante el embarazo me sentía como si hubiera una gran distancia entre las dos».

A veces el segundo embarazo tiene beneficios inesperados para el primer hijo. Dana, que tiene una hija de dos años y medio y está embarazada de tres meses, dice: «He comprobado que el embarazo está ayudando a mi hija a ser más independiente. En vez de hacérselo todo como antes le enseño a hacer las cosas por sí misma. Ahora cuando me pide «aúpa» le digo que me demuestre que puede andar sola. En vez de cogerla en brazos por las escaleras bajamos andando. Es más lento, pero yo necesito ir más despacio y es bueno para su desarrollo».

Una de las ventajas del segundo embarazo es que para la mayoría el parto es más fácil y rápido. El hecho de saber qué va a pasar puede reducir muchos temores. Cuando somos madres por segunda vez nos preocupa menos el parto, aunque si el primero fue difícil puede que nos angustie tener dificultades de nuevo. Doreen, que tiene tres hijos, relata su experiencia: «Con mi primer hijo tuve un parto falso durante dos semanas. Fue muy doloroso, y yo estaba aterrorizada. No dejaba de pensar que si el parto falso era tan malo el auténtico sería terrible. Fue exactamente igual, sólo que al final tuve un niño precioso. La segunda vez no tenía miedo porque sabía que podía superarlo. Con el primero pensaba que no iba a acabar nunca y que podría tener una sandía en lugar de un bebé. Con el segundo sabía qué podía esperar, pero no me imaginaba que iba a ser tan rápido».

Aunque ya tengo un hijo no me puedo quedar embarazada

El trastorno conocido como «infertilidad secundaria» ocurre cuando una pareja que ha concebido un hijo previamente es incapaz de volver a hacerlo después de intentarlo durante un período de dos años.

A muchas mujeres que no hemos tenido problemas para concebir y tener un hijo nos resulta más difícil quedarnos embarazadas por segunda vez. A algunas simplemente nos cuesta más, pero otras necesitan intervención médica para quedarse embarazadas de nuevo. El trastorno conocido como «infertilidad secundaria» ocurre cuando una pareja que ha concebido un hijo previamente es incapaz de volver a hacerlo después de intentarlo durante un período de dos años. Se estima que la infertilidad secundaria afecta a 1,4 millones de parejas.[53] Además de la edad y el tiempo transcurrido entre un parto y otro, la infertilidad secundaria puede estar causada por una gran variedad de factores, que incluyen posibles complicaciones durante el parto, problemas de salud de los padres, uso de medicamentos o cirugía.[54] A veces se desconocen las causas, pero es doloroso que no podamos quedarnos embarazadas cuando tenemos el sueño de formar una familia.

Intentar quedarnos embarazadas por segunda vez puede ser muy duro emocionalmente. Penny, que tenía treinta y cuatro años cuando tuvo a su primer hijo y treinta y siete cuando se quedó embarazada del segundo, dice: «Quedarme embarazada de mi primer hijo fue facilísimo. Nos sorprendió que fuera tan rápido. Yo estaba trabajando y mi marido y yo viajábamos mucho, así que las circunstancias no eran las más propicias. Con el segundo tardé un año en quedarme embarazada. Había dejado de trabajar y ya no viajaba, así que aunque tenía que cuidar a un niño pequeño llevaba una vida más tranquila. Puede que me costara más porque era dos años mayor. En cualquier caso, estar tanto tiempo intentando quedarme embarazada me afectó mucho emocionalmente. A veces pensaba que quizá deberíamos conformarnos con tener sólo un hijo. Cuando por fin me quedé embarazada estábamos a punto de ver a un experto en infertilidad».

Si tenemos una idea concreta respecto a la diferencia de edad de nuestros hijos podemos angustiarnos más si no nos quedamos embarazadas. Laura, que tiene dos hijos, comenta cuánto le decepcionó no poder quedarse embarazada del segundo cuando esperaba: «Habíamos planeado tener a nuestros hijos con dos años de diferencia, pero acabaron llevándose casi cuatro años porque tuve problemas para quedarme embarazada del segundo. Con el primero me daba igual que ocurriera en un momento o en otro. Pero con el segundo me agobié mucho porque tenía una idea determinada. Los quería tener seguidos para que fueran amigos. Todo ha salido bien a pesar de la diferencia de edad, pero para mí esos años fueron muy duros».

Cuando no pueden quedarse embarazadas por segunda vez, algunas mujeres recurren a tratamientos de fertilidad. Roxanne, que tiene un hijo de cuatro años y está embarazada de seis meses, dice: «Durante un tiempo intenté quedarme embarazada sin éxito, así que comencé con tratamientos de fertilidad. Tardé un año y medio en quedarme embarazada después de probar cosas diferentes, desde medicamentos hasta la fertilización in vitro. No fue nada divertido, ni barato. Ir todos los meses a la consulta de infertilidad era terrible. No se me ocurre un lugar peor, excepto quizá una planta de oncología. Estar en la sala de espera con todas aquellas parejas desdichadas no era nada agradable. Y no dejaba de preguntarme si estaría transmitiendo esa ansiedad a mi hijo mayor. Pero ha merecido la pena. Ahora estamos encantados de tener otro bebé».

Ellen lamenta tener problemas para concebir a su segundo hijo, pero dice que está mucho más agradecida por su hija mayor: «Como no puedo quedarme embarazada estoy yendo a un especialista en infertilidad. No ser capaz de quedarme embarazada es muy duro, pero también me ha hecho ver cuánto significa mi hija para mí. Aunque me gustaría tener otro bebé me siento afortunada por tener una hija maravillosa. Ahora la aprecio mucho más porque sé que tenemos mucha suerte al tenerla».

¿Cómo voy a querer tanto a mi segundo hijo?

Durante el segundo embarazo muchas comenzamos a sentir nostalgia por la relación que tenemos con nuestro primer hijo.

Muchas nos preguntamos si podremos sentir por nuestro segundo hijo tanto cariño como por el primero. Queremos tanto a nuestro primer hijo que no nos consideramos capaces de querer a nadie más del mismo modo. Nos preocupa que tener otro bebé estropee la relación especial que tenemos con nuestro primer hijo. Janine lo describe de este modo: «Mi hijo tiene casi dos años, y la idea de tener otro bebé no me resulta fácil. Me sentiría como si estuviera engañándole. No fue un hijo programado. No me esforcé para tenerle. Fue una sorpresa. Pero no sé qué voy a hacer. ¿Me gustará el segundo tanto como el primero? ¿Cómo voy a querer a otro niño como quiero a mi hijo?».

Durante el segundo embarazo muchas comenzamos a sentir nostalgia por la relación que tenemos con nuestro primer hijo. Pensamos que no vamos a tener siempre esa relación exclusiva, y que al incluir a otra persona en la familia nuestro hijo mayor se sentirá celoso o resentido. Mary Ann comenta: «Mis hijas se llevan veinte meses. Cuando me enteré de que estaba embarazada de la segunda estuve deprimida un par de semanas. No es que no me hiciera ilusión tener un bebé, porque queríamos tener otro hijo en ese momento. Tenía una inmensa sensación de pérdida porque esa relación especial con mi hija iba a desaparecer. Ya no iba a estar con ella de la misma manera, y era algo difícil de superar. Aunque me alegraba de estar embarazada me sentía un poco triste. Pero cuando llegó el bebé todo cambió. Sólo tienes que recordar que le estás dando a tu hijo mayor el mejor regalo del mundo: un hermano».

Lucy, que está embarazada de su segundo hijo, lo ve de este modo: «Primero estás soltera, y luego conoces a alguien, te enamoras, te casas y tu vida es mucho mejor. Luego tienes un bebé y es mejor aún. Después tienes otro bebé y es extraordinaria. Es maravilloso comprobar cómo enriquece tu vida cada nuevo miembro de la familia».

Tener dos hijos da mucho trabajo

Aparte del esfuerzo físico que exige ocuparse de dos niños pequeños, también tenemos que esforzarnos por dar amor y apoyo a dos personas distintas.

Es indudable que cuidar a dos niños pequeños da mucho trabajo. Atender a un recién nacido es agotador incluso cuando centramos en esa tarea toda nuestra energía. Y nos parece imposible si además tenemos otro hijo que está acostumbrado a ser el centro de atención. Aparte del esfuerzo físico que exige ocuparse de dos niños pequeños, también tenemos que esforzarnos por dar amor y apoyo a dos personas distintas. A muchas nos sorprende que nuestro segundo hijo no sea como el primero, y nos resulta difícil cambiar el «chip» y estar disponibles emocionalmente para dos niños con diferentes personalidades y necesidades. Así pues, durante los primeros meses podemos pensar que no estamos siendo una buena madre con ninguno de ellos.

Pocas mujeres dirían que esos primeros meses como madres de dos hijos son «fáciles». Valery, cuyos hijos tienen uno y tres años, recuerda lo difícil que era al principio tener dos niños tan pequeños: «Tienes que pensar que tus hijos van a estar bien, sobre todo los primeros meses, cuando crees que no estás atendiendo las necesidades de nadie. Yo me sentía fracasada en todos los sentidos. Mientras intentaba dar el pecho al bebé, mi hijo mayor se tumbaba en el suelo y fingía que se había hecho daño para llamar mi atención. Todo me salía al revés. Tardé un tiempo en controlar la situación. Lo más importante es recordar que no tienes que ser muy dura contigo misma».

Aunque las cosas resulten difíciles al principio, con el tiempo mejoran mucho. Denise tiene una hija de tres años y medio y un hijo de cuatro meses. Al preguntarle cómo le iba como madre de dos hijos respondió: «Los primeros dos meses fueron una pesadilla. Me parecía que no hacía nada bien con ninguno de ellos. Tener un recién nacido no era nada fácil, y mi hija mayor tuvo una regresión. Yo creo que pensaba que si dejaba de ser un bebé no la querría. Casi lo ha superado, y ahora todo es mucho mejor. La verdad es que tener dos hijos es maravilloso. Nunca he sido tan feliz en mi vida».

Stacey dice que al saber qué podía esperar y contar con un grupo de apoyo, tener a su segundo hijo le ha resultado más fácil que el primero: «Una amiga que ha tenido hace poco su primer hijo me comentó el otro día que se sentía muy sola. Es un sentimiento muy común que yo no he tenido con mi segundo hijo gracias a la relación que establecí con otras madres cuando tuve el primero. La segunda vez estaba preparada, así que no me sentí sola. Además, el primer parto fue tan difícil que tener un parto normal la segunda vez hizo que estuviera extasiada los primeros meses».

Las madres de gemelos también tienen algunos de estos problemas al intentar responder a las necesidades físicas y emocionales de dos niños al mismo tiempo. Heidi, cuyos hijos tienen cinco meses, dice que una de las ventajas de tener gemelos es que no te preocupa si se comportan «normalmente» porque son distintos desde que nacen: «Tengo ataques de pánico, pero no muy a menudo. No paso mucho tiempo preguntándome si lo que hacen es normal, porque al ser dos hacen cosas diferentes en momentos diferentes. Enseguida te das cuenta de que comen y duermen a distintas horas. Yo creo que si les doy de comer, juego con ellos y les quiero estarán bien».

Mi hijo mayor está insoportable

Debemos recordar que a largo plazo los beneficios de tener un hermano pesan más que los disgustos y los celos.

El nacimiento de un nuevo bebé es siempre difícil para nuestro hijo mayor. Al principio puede ignorarle, pero en algún momento se da cuenta de que su mundo perfecto se ha desintegrado con la llegada de su hermano, y entonces empieza a actuar de un modo diabólico. Cuidar al hijo mayor puede ser mucho más difícil que satisfacer las necesidades relativamente sencillas de un recién nacido. Como madres, por un lado nos sentimos como unas traidoras por desplazar a nuestro hijo mayor, y por otro nos irrita que haga tantas tonterías. Pero tenemos que recordar que sus rabietas son normales y que no se comporta así porque seamos malas madres. Tenemos que ser conscientes de que nuestro hijo necesita una rutina familiar y mucha más atención por nuestra parte, aunque no nos quede energía para nada más. Y debemos recordar que a largo plazo los beneficios de tener un hermano pesan más que los disgustos y los celos.

Las madres que tienen más de un hijo suelen ser muy sabias. Eve, que está embarazada de su tercer hijo, dice: «Hace poco me dijeron algo que me parece muy importante: "En cualquier caso, el bebé va a recibir tanta atención que quien más te va a necesitar es tu hijo mayor. Así que cuando puedas intenta centrarte en él"».

Al tener dos hijos podemos reaccionar de un modo distinto al que esperábamos. A Cheryl le sorprendió la reacción que tuvo con su primer hijo, que siempre estaba compitiendo con el bebé para conseguir su atención: «Cuando estaba embarazada y pensaba que iba a perder esa relación tan especial con mi primer hijo me sentía triste. Pero cuando nació el bebé había veces en las que no quería estar con él, aunque siempre le había adorado. Me preocupaba no querer al segundo tanto como al primero. Pero cuando estaba dando el pecho al pequeño y el mayor me pedía que le cogiera me sentía fatal. No conocía a nadie con dos hijos, y creía que era la única que se sentía así. Me habría gustado saberlo antes, porque pensaba que era una madre horrible por tener esos sentimientos negativos».

Muchas madres comentan que cuando su segundo hijo llega a cierta fase y comienza a sonreír, sentarse o andar, el hecho de que reciba más atención por parte de los adultos supone una amenaza para el hijo mayor. Lindsey habla de este fenómeno: «Mis hijos se llevan dieciocho meses. Mi hijo tiene dos años y medio y mi hija uno. Cuando la niña empezó a sentarse y a moverse mi hijo tuvo una crisis. Al principio todo iba bien, y no parecía fijarse mucho en su hermana. Pero cuando mi hija cumplió seis meses y empezó a participar más se lo pasó muy mal. Estaba muy irritable y cogía muchas rabietas porque veía que la niña era algo más que una muñeca. Yo no sabía qué hacer. Por fin consulté a una asesora familiar que me dijo que su comportamiento era normal y que tenía que desarrollar su capacidad de expresión para hablar más de sus sentimientos. Pero fue una época muy difícil para él, y para mí».

Mi segundo hijo no es como el primero

Una de las cosas que nos preocupa a muchas es ser justas con nuestros dos hijos.

La relación que tenemos con el segundo hijo no es tan especial como la que teníamos con el primero. Es difícil recrear esos primeros meses de maternidad en los que sólo estábamos nosotras y el bebé en nuestro pequeño mundo. Cuando somos madres por segunda vez, la vida del primer hijo prosigue con sus horarios habituales, y las necesidades del bebé se organizan en torno a esa rutina. Sin embargo, el hecho de que tengamos experiencia es beneficioso para nuestro segundo hijo. Normalmente nos sentimos más cómodas como madres. Sabemos qué podemos esperar y nuestra vida está ya centrada en los niños. Con el segundo hijo vemos que las diferencias entre los niños son normales y que no se deben a que no estemos haciendo las cosas bien. En vez de preocuparnos por la muerte súbita o por las fases de desarrollo, podemos disfrutar realmente de esa experiencia.

¿No es un alivio estar relajada con un bebé? Pam, que tiene una hija de cuatro años y un recién nacido, dice que es fantástico tener experiencia como madre: «Estoy empezando de nuevo, pero esta vez es más fácil porque estoy menos nerviosa. Me siento mucho más relajada porque sé qué estoy haciendo. A mi hija la cogía cada vez que se quejaba, y aún se despierta por la noche. Para cuando tuve el segundo hijo sabía que los bebés son muy resistentes, así que ahora me baso en la experiencia de mi primera hija en vez de leer libros para saber qué tengo que hacer. El hecho de que yo esté más relajada influye en que sea un niño más relajado».

Enseguida nos damos cuenta de que no hay dos niños iguales. Doreen, que tiene tres hijos, dice: «Como la mayoría de las madres que conozco, tenía una relación muy intensa con mi primer hijo porque sólo tenía uno y no había interferencias. Por eso nos centramos tanto en el primer hijo y le conocemos tan bien. Con el segundo no tienes tanto tiempo ni puedes prestarle tanta atención. Además su personalidad es distinta, así que no le puedes transmitir todo lo que has aprendido con el primero. La relación es muy diferente».

Una de las cosas que nos preocupa a muchas madres es ser justas con nuestros dos hijos. Esto puede resultar difícil cuando comienzan a manifestar su personalidad y nos damos cuenta de que no nos llevamos igual con los dos. A veces incluso nos puede gustar más uno que otro. Louise habla de lo importante que es no tener favoritismos: «Al principio me preocupaba cómo trataría mi hijo mayor al pequeño. ¿Cómo iba a evitar que se portara mal con él? No me imaginaba que ocurriría lo contrario. Ahora que son un poco más mayores es el pequeño el que trata mal al mayor. Es una situación muy difícil porque para mí es muy importante que se lleven bien. Quiero que se quieran y se respeten. No puedo tomar partido por ninguno de ellos, y debo tener mucho cuidado a la hora de intervenir y responder a sus características personales».

Mi marido colabora más

Afortunadamente, muchas mujeres dicen que sus maridos han desempeñado un papel más activo con el segundo hijo.

No hay nada tan maravilloso como tener un bebé en casa, pero tener un segundo hijo es agotador tanto para las madres como para los padres. Es más difícil para nuestra relación porque (¡sorpresa!) dos niños son más exigentes que uno, y descansamos mucho menos que cuando sólo teníamos un hijo y podíamos hacer turnos para relevarnos. Al tener que cuidar a dos niños pequeños, nosotras tenemos la sensación de que no recibimos de nuestra pareja el apoyo que necesitamos. Por su parte, nuestros maridos se pueden sentir desplazados con la llegada del segundo bebé. Y también pueden sentirse más presionados económicamente a medida que crece la familia. Este tipo de cuestiones las debemos tratar a solas con tiempo suficiente, aunque para ello tengamos que contratar una canguro.

Afortunadamente, muchas mujeres dicen que sus maridos han desempeñado un papel más activo con el segundo hijo. En parte, el trabajo que conlleva tener un segundo hijo les obliga a colaborar más. Pero también es posible que se sientan más relajados con los niños y más cómodos en su papel de padres. En muchos casos se acercan más al hijo mayor porque pasan más tiempo juntos mientras nosotras nos centramos en el recién nacido.

La relación con nuestro marido puede cambiar de nuevo con la llegada de otro bebé. Kelly, cuyas hijas tienen cinco y tres años, recuerda cómo afectó a su relación con su marido el nacimiento de su segunda hija: «Las cosas cambiaron casi inmediatamente. Mi marido y yo nos separamos de algún modo para atender a las niñas, y mi hija mayor se sentía dolida porque no tenía toda nuestra atención. La segunda hija creó muchas tensiones en nuestra relación de pareja. Mi marido ya se sentía excluido, y tener dos hijas empeoró las cosas. Hemos tenido que hacer un gran esfuerzo para dedicarnos tiempo el uno al otro. No creo que lo hagamos lo suficiente, pero a medida que las niñas crecen cada vez es más fácil».

Al igual que nos esforzamos en las relaciones con nuestros hijos, también tenemos que esforzarnos en la relación con nuestro marido. Camille, cuyos hijos se llevan un año, dice que ha sido muy duro para su matrimonio pero que ha intentado mantenerse unida a su marido: «Si no te esfuerzas en esta fase de la relación no durará para siempre. Hay que buscar tiempo para la relación, porque es algo muy difícil de recuperar cuando los niños crecen y vuelve a haber tiempo para estar juntos. Con dos niños pequeños eso exige un gran esfuerzo».

Hemos decidido tener sólo un hijo

Los padres de un hijo único deben estar muy centrados y tener una comunidad más amplia para que haya más gente en su vida.

En Estados Unidos hay entre dieciocho y veinte millones de hijos únicos.[55] Aunque se suele decir que los hijos únicos están solos y mimados, los estudios no confirman esta teoría. Como señala Ellie McGrath en su libro *My One and Only*, se ha comprobado que los padres y los niños de familias con hijos únicos se sienten muy satisfechos con su vida familiar.[56] Aunque podemos no tener más de un hijo por cuestiones económicas, de salud o de edad, a veces decidimos tener sólo un hijo porque nos permite centrar en él nuestra energía paternal. Podemos pasar más tiempo con ese niño y formar con él una relación más estrecha, además de tener menos tensiones en nuestro matrimonio y menos cargas económicas. Los inconvenientes incluyen que nuestro hijo no tiene un compañero de juegos permanente ni la oportunidad de desarrollar las capacidades sociales que favorece la interacción constante con un hermano (que muchos llamarían «peleas»).

Algunas pensaban tener más de un hijo, pero cambiaron de opinión por diversas razones, entre ellas la edad. Gina, que tuvo a su hija con cuarenta años y decidió no «arriesgarse» a tener más hijos, habla de las ventajas de los hijos únicos: «Tuve mucha suerte al tener a mi hija a los cuarenta sin ningún problema. Cuando pensaba en tener hijos me imaginaba con dos o tres, pero empecé tarde. Ahora me encanta la idea de tener sólo una hija, porque puedo dedicarle toda mi atención y eso hace que se sienta segura. Además, si hubiese tenido otro hijo habría acabado agotada. No es lo mismo ser madre a cierta edad».

En algunos casos tener un hijo puede ser suficiente. Alicia, que tiene una niña de dos años y medio, dice que tener sólo una hija se ajusta bien a las exigencias de su vida familiar: «Fue una decisión que mi marido y yo tomamos de forma gradual. Al principio pensábamos tener cuatro, luego dos, y por fin nos quedamos con una. Es lo más adecuado para equilibrar dos carreras y el resto de las cosas que queremos hacer. Nos da miedo que tener otro hijo rompa ese equilibrio. Me da pena que mi hija no tenga un hermano, pero recibe más atención por nuestra parte y es una niña feliz».

Stephanie, que también cree que tener sólo un hijo es lo ideal para ella y su pareja, habla de las cuestiones que deben tener en cuenta los padres de un hijo único: «Creo que tenemos el cupo cubierto, porque queremos ser capaces económica y emocionalmente de darle la mejor vida posible. Sin embargo, los padres de un hijo único deben estar muy centrados y tener una comunidad más amplia para que haya más gente en su vida. Para un hijo único es importante tener un sólido sentido comunitario, porque es algo que no tiene en su familia. Además, los padres deben establecer límites para que los niños se sientan importantes pero no lo controlen todo. Tienen que aprender a compartir y hacer sacrificios. Tienen que reconocer las necesidades y los intereses de los demás. Esto puede resultar más difícil que con los niños que tienen hermanos, pero se puede conseguir».

Quiero una gran familia

A veces decidimos tener más hijos porque nos gusta la maternidad y la satisfacción de crear una familia propia.

Algunas decidimos tener tres o más hijos porque hemos crecido en una familia grande y nos gusta el barullo y la actividad. O porque hemos tenido una familia pequeña y siempre hemos querido formar parte de algo más grande. Además, nos agrada la idea de que nuestros hijos tengan hermanos y hermanas que les sirvan como amigos, confidentes y modelos de referencia.

Muchas no se conforman con dos hijos y deciden tener otro mientras aún pueden. Samantha, que tiene tres hijos, habla así de su decisión de tener el tercero: «Siempre quise tener dos hijos, porque sé las ventajas que tiene, pero cuando los tuve no me parecía suficiente. Es como un centro de flores; con dos parece que falta algo. No sé por qué. No había una razón lógica. (Pensándolo bien, no hay ninguna razón lógica para tener ningún hijo.) No soy una persona emocional. Normalmente funciono con la cabeza, pero en este caso me dejé llevar por el corazón. Necesitaba tener otro hijo».

A veces decidimos tener más hijos porque nos gusta la maternidad y la satisfacción de crear una familia propia. Cynthia dice: «Pensábamos tener dos hijos, pero cuando llegó el segundo empezamos a pensar en el tercero. Mi deseo de tener otro hijo aumentó cuando mi madre, que vivía cerca de nosotros, se trasladó a otro sitio. Fue entonces cuando me di cuenta de la importancia que tenía mi propia familia. Quería tener una familia más grande porque pensaba que sería más divertido. También creo que la maternidad es lo más importante del mundo, y por eso quería tener otro bebé».

Muchas piensan que para sus hijos es beneficioso tener más de un hermano. Allison, que tiene cuatro hijos, describe las ventajas de tener muchos hermanos: «Lo he hecho por ellos. En una familia pequeña podría malcriarlos. Con cuatro eso no ocurrirá jamás. Para mí es importante que aprendan a ser competentes y autosuficientes. Al tener hermanos y hermanas podrán desarrollar sus recursos personales. Tendrán entre ellos una relación maravillosa, porque no hay nada como el vínculo entre hermanos. También tenía miedo a perder un hijo. Es algo irracional, pero no habría podido tener sólo un par de hijos porque era algo que me preocupaba. Decidimos tenerlos seguidos para que entre ellos hubiera una relación de amistad. Con el tiempo pueden tener relaciones diferentes, pero siempre se tendrán los unos a los otros».

¿Hemos «acabado»?

El número de hijos que tenemos influye en la dinámica familiar, el tiempo y la situación económica, por no hablar del coche que conducimos.

¿Cómo sabemos si hemos terminado de tener hijos? Algunas mujeres están seguras de que ya tienen la familia que querían y están satisfechas con ella, pero otras no tenemos tan claro si hemos «acabado». Aunque hayamos decidido no tener más hijos, muchas veces dudamos de nuestra decisión. Tenemos una sensación de pérdida al saber que no vamos a volver a sentir una nueva vida dentro de nosotras o a disfrutar de la experiencia de tener otro bebé en la familia. Tener un bebé hace que nos sintamos jóvenes. Aunque no queramos comenzar de nuevo después de recuperar parte de nuestra independencia, nos resistimos a regalar la ropita de nuestro hijo o a vender la cuna porque no queremos decir adiós a esa fase de nuestra vida.

Kathleen, cuyos hijos tienen cinco y dos años y medio, pensaba que había acabado de tener bebés hasta que hace poco empezó a pensar de nuevo en ello: «Creía que estaba segura de que no quería tener más hijos, pero ahora estoy considerando que podría tener otro. Mi hija tiene casi tres años, y una parte de mí quiere tener otro bebé. Pero por otro lado no me apetece volver a pasar por el lío que eso implica. Mis hijos están en una edad en la que son muy divertidos y puedo hacer muchas cosas con ellos. Pero echo de menos tener un bebé. No sé cuándo tomaré la decisión definitiva».

A la hora de poner fin a la maternidad suele haber contradicciones entre la cabeza y el corazón. Linda, que tiene dos hijas de cuatro años y medio y dos años y medio, comenta: «Desde que mi marido se hizo la vasectomía no dejo de pensar que ya no voy a ser madre. Sabía que era lo más adecuado, pero mi corazón me decía otra cosa. Aunque ocurrió hace un año sigo pensando en ello. Cuando ahora veo a alguien con dos hijas de la edad de las nuestras y un bebé me toca la fibra sensible. Me pregunto cuándo se me pasará, y si otras madres se sienten así. Tener un bebé es algo maravilloso, que por alguna razón nos mantiene jóvenes».

Mientras algunas se debaten con el deseo de tener más hijos, otras están seguras de que quieren mantener la familia tal y como está. Kelly dice que el número adecuado para ella y su marido son dos hijos: «No quiero tener otro bebé ahora mismo. Estoy deseando ver qué pasa a medida que mis hijos crezcan. Cada vez son más interesantes. Me encantaban cuando eran bebés, pero esta etapa me parece mucho más atractiva. Con dos hijos mi marido y yo podemos ocuparnos de ellos si necesitan nuestra atención, y además tienen alguien de su edad con quien jugar. Me siento afortunada por tener dos hijos preciosos. No quiero arriesgarme a tener otro y que las cosas vayan mal».

Para la mayoría de las mujeres, tener hijos es una decisión trascendental. El número de hijos que tenemos influye en la dinámica familiar, el tiempo y la situación económica, por no hablar del coche que conducimos. Todas sabemos que un bebé trae a nuestra vida satisfacciones y problemas adicionales. Y con la llegada de otro hijo todos los miembros de la familia tienen que pasar por un período de adaptación. Mientras intentamos restablecer nuestro equilibrio quizá nos reconforte saber que los hijos mayores se han puesto en contra de sus hermanos desde el principio de los tiempos, y que los bebés siempre han conseguido sobrevivir. Cuando no estamos regañando a nuestro hijo mayor porque no trata bien al bebé podemos disfrutar de nuestra familia extendida. Y antes de que nos demos cuenta no podremos imaginar cómo sería nuestra vida sin esa nueva criatura.

Pero a pesar de las alegría que dan los bebés, llega un momento en el que sabemos que no vamos a tener más. Esta certeza puede resultar agridulce. Por un lado podemos sentirnos tristes, pero también anhelantes por la siguiente fase de la maternidad.

OCHO

La maternidad es un viaje espiritual

*Con mi hijo no me han servido
de nada el latín, el griego,
mis logros ni el dinero; pero el alma
me ha resultado muy útil.*
RALPH WALDO EMERSON

> *Ser el mejor padre posible significa ser la mejor persona que puedas ser; ¿no es ése el objetivo de una práctica espiritual?*
> PHIL CATALFO

Para muchas nuevas madres tener un hijo es una oportunidad de crecimiento personal y espiritual. Aunque algunas realizamos nuestra formación espiritual con veinte años, la maternidad nos obliga a revisar nuestros valores y creencias fundamentales. Como madres tenemos el reto de ser mejores aún porque los niños son como un espejo que nos permite ver cómo somos realmente. Al dar tanto a otras personas somos más conscientes de nuestra verdadera identidad. Tener hijos nos da la medida de nuestra capacidad de amor y comprensión, en parte porque los niños son cariñosos e indulgentes con nosotras. Muchas descubrimos que al criar a nuestros hijos ellos nos ayudan a crecer.

Tener un hijo es un regalo que enriquece nuestras vidas. A pesar del carácter mundano de muchas de las tareas que tenemos que realizar, normalmente experimentamos una profunda sensación de gratitud y satisfacción emocional. Los niños nos obligan a encontrar nuestra sabiduría interior y la fuerza necesaria para hacer frente a las dificultades. En contraste con la independencia que teníamos en nuestra vida profesional, al tener un hijo comprobamos que no lo podemos controlar todo y que no pasa nada por pedir ayuda. Al darnos cuenta de lo difícil que resulta ser madre somos menos críticas con los demás. Y cuando estamos con niños pequeños aprendemos a tomarnos las cosas con calma y a prestar más atención al momento.

Dar a luz es como un milagro

*Al traer hijos al mundo tenemos una mayor sensación
de conexión y nos sentimos más implicadas con la humanidad.*

Muchas mujeres describen el hecho de dar a luz como algo de carácter sagrado, y utilizan términos como «milagroso», «increíble» y «maravilloso» para reflejar la experiencia de crear una nueva vida. Al traer hijos al mundo tenemos una mayor sensación de conexión y nos sentimos más implicadas con la humanidad. A muchas nos sorprenden las emociones que podemos sentir al ver a un recién nacido: amor, protección, esperanza, admiración, responsabilidad y gratitud. En su libro *Growing with Your Child*, Elin Shoen habla del intenso vínculo que une a muchas madres con sus hijos y de la conexión que sienten a través de ellos con algo mucho mayor, algo que resulta más fácil sentir que explicar.[57] La experiencia del parto puede despertar nuestro interés por el mundo espiritual si intentamos buscar un contexto que nos ayude a comprender el milagro de la vida.

Normalmente hablamos con veneración del nacimiento de nuestros hijos y de nuestra participación en el proceso de creación. Rosemary, que tiene tres hijos, dice: «Fue impresionante. Aunque había sido milagroso llevar dentro un niño durante nueve meses y sentir el latido de la vida en mi interior, el momento del parto fue glorioso. Nunca me había sentido tan cerca de Dios. Es una experiencia muy profunda, como si Dios estuviera allí en ese instante. Es un testimonio de su presencia. Yo creo que también mi marido lo sintió, lo cual es aún más conmovedor, porque él no vivió la experiencia de llevar dentro un bebé durante nueve meses. Los dos nos quedamos impresionados».

Nuestra sensación de continuidad y conexión puede aumentar cuando nace nuestro hijo. Rebecca lo describe de este modo: «Poco después de que naciera mi hija, mientras estaba tumbada en la cama, de repente comprendí el misterio de la vida y la muerte, el sentido del ciclo de la vida. Con una hora de vida, mi hija se llamaba como su bisabuela, que tiene ochenta y nueve años. Las dos llevan pañales y ninguna de ellas puede cuidarse a sí misma. Pensé que mi hija tenía una larga vida por delante y que yo, como madre, estaba jugando un papel muy importante en la continuidad de la raza humana».

Heather dice que el nacimiento de su hija fue una maravillosa experiencia espiritual porque se sintió libre para ser ella misma: «Para mí dar a luz fue algo milagroso, como de otro mundo. Cuando llegamos al hospital el sábado por la noche todo estaba muy tranquilo. Éramos la única pareja que había allí. Estuve de parto desde las doce hasta las seis de la mañana, y di a luz mientras salía el sol y los pájaros empezaban a cantar. Literalmente salí de la oscuridad con la llegada de mi hija. Todo esto hizo que fuera tan especial, como si obedeciera a un orden divino. Fue un parto natural, y por lo tanto más intenso, porque no creo que me haya sentido nunca tan libre. Era «yo» en mi estado más puro, tanto en lo bueno como en lo malo. No tenía que ser de otro modo ni sentirme de otra manera. Era la esencia de lo que soy».

No sabía que podía sentir tanto amor

Aprendemos a dar y querer de nuevas maneras.

Al querer a nuestro hijo sentimos emociones que muchas de nosotras nunca habíamos sentido por otra persona. Queremos a nuestro bebé sin reservas ni condiciones. Como dice Elin Schoen: «Por primera vez, los nuevos padres pueden experimentar un profundo amor sin esperar nada a cambio excepto el privilegio de sentirse así. Muchos padres no saben que son capaces de sentir este tipo de amor hasta que les ocurre».[58] Aprendemos a dar y querer de nuevas maneras. Y a veces nos sorprende que nuestros hijos nos quieran tanto a pesar de nuestra inexperiencia y nuestras imperfecciones.

Para muchas, el amor que sentimos por nuestros hijos es lo mejor de la maternidad. Janet comenta: «Una de las cosas más extraordinarias de ser madre es que estoy loca por mi hija. Por primera vez en mi vida me siento realmente unida a otro ser humano. Siento por ella un amor incondicional que no siento por nadie más. Nunca utilizo la palabra «amor» para hablar de mi relación con otras personas, ni siquiera con mi marido, porque no lo siento de la misma manera. A mi marido le quiero, pero a mi hija la adoro».

Nuestra capacidad para amar incondicionalmente a nuestros hijos puede sorprendernos. Joyce, que tiene dos hijos de un año y medio y tres años y medio, dice que su amor por ellos es totalmente desinteresado: «Lo más asombroso para mí ha sido darme cuenta de lo mucho que quiero a mis hijos. Me preocupo por ellos más que por mí misma. Haría cualquier cosa por mis hijos, y no diría eso de nadie más, incluidos mis padres y mis hermanos. Sería capaz de matar por mis hijos. Es un sentimiento maravilloso, pero asusta un poco que haya gente en tu vida por la que sientes algo tan intenso».

Robin, madre de dos niños pequeños y pastora protestante, dice que el aspecto más espiritual de la maternidad es el amor que siente por sus hijos, y que ese amor le ha ayudado a comprender mejor a Dios: «Si pensamos que somos hijas de Dios, lo que hacen los niños es reflejar la relación que Dios tiene con nosotras. Supongo que es la parte más espiritual de esa experiencia. Al ver cómo estamos con nuestros hijos nos podemos imaginar cómo se siente Dios con nosotras. Hasta que no tenemos un hijo no podemos entender que estemos dispuestas a hacer cualquier cosa por él. Y eso nos ayuda a comprender que Dios haría lo que hiciese falta por nosotras. Nuestra relación con Dios se desarrolla en un nivel diferente, pero es algo similar. Todo lo que nosotras experimentamos como madres lo experimenta Dios como Padre. Podemos aprender mucho de todo eso».

Me siento afortunada

Nuestros hijos nos ayudan a apreciar lo que tenemos,
y nosotras les enseñamos a reconocer las cosas
por las que pueden estar agradecidos.

Una de las emociones más intensas que sentimos como nuevas madres es la gratitud. Estamos agradecidas por tener un bebé sano y por disfrutar de las delicias de la maternidad. Nuestros hijos nos ayudan a apreciar lo que tenemos, y nosotras les enseñamos a reconocer las cosas por las que pueden estar agradecidos. Parte de esa gratitud proviene de nuestra vulnerabilidad, porque al ser madres somos más conscientes de nuestras debilidades y de la fragilidad de la vida. Nancy Fuchs, escritora, madre y rabina, afirma en su libro *Our Share of Night, Our Share of Morning*, que tener hijos nos permite detenernos y centrarnos en los aspectos de nuestra vida por los que estamos agradecidas, aunque las cosas no sean perfectas. Y añade que los rituales pueden ayudarnos a crear un «hábito de agradecimiento» en nuestra familia.[59]

La conexión espiritual y la gratitud parecen estar interrelacionadas para las nuevas madres. Teresa dice: «Doy gracias a Dios porque mi embarazo fuera bien y mi hijo naciera sano. Cuando era muy pequeño rezaba: "Por favor, no permitas que le ocurra nada malo. Por favor, no permitas que sufra.". Soy consciente de que no tenemos un hijo maravilloso sólo por méritos propios. Es un niño sano, feliz y encantador, y me siento muy agradecida por ello».

Tener un hijo puede hacer que aumente nuestra gratitud por la vida en general. Heather comenta: «Siento mucha más gratitud desde que soy madre. Ahora damos las gracias antes de comer para recordar por cuántas cosas tenemos que estar agradecidos. No damos las gracias a nadie en particular; lo decimos para recordar lo afortunados que somos por estar juntos. Y yo creo que es un buen ejemplo para los niños».

La satisfacción espiritual también puede venir de la conexión con el resto de la familia. Frances, que tiene treinta y cinco años, se siente afortunada por tener gemelos. Con dos bebés ha tenido que contar con otras personas más que antes, y agradece que su familia haya estado ahí para ayudarla: «El aspecto espiritual de la maternidad se manifiesta en cosas sencillas. Tener gemelos es un acontecimiento especial. Las probabilidades de tener gemelos de forma espontánea son muy bajas (un tres por mil), y me considero afortunada porque nos haya ocurrido a nosotros. Los bebés han ofrecido a mi familia la oportunidad de reunirse para celebrarlo. Para mí ésa es la mayor satisfacción espiritual».

Robin define sus prácticas espirituales en términos de las cosas a las que presta atención: «Una manera de vivir una vida espiritual es reunirse con los demás y compartir con ellos por qué estás agradecido.

Nosotros nos sentamos con nuestros hijos y les preguntamos: "¿Qué es lo que más agradeces hoy?". De ese modo intentamos cultivar su sentido del espíritu. ¿En qué te has fijado? ¿Dónde estaba Dios? Si estás agradecido por algo es un regalo de Dios. Si no te sientes agradecido, ¿estaba Dios allí de alguna manera? Lógicamente, a su edad no lo comprenden del todo, pero cuando crezcan y piensen en ello esa pregunta formará parte de su vida. Les estamos enseñando a reconocer el espíritu, a ver que Dios está presente en cualquier situación. En eso consiste para mí el viaje espiritual de la maternidad».

Caroline habla más de Dios desde que es madre: «Me siento agradecida todos los días. Cuando nació mi primer hijo estaba muy sensible y rezaba continuamente, sobre todo para que no le pasara nada. El otro día, sin ir más lejos, mientras iba en el coche con mis hijos, sentí una llamada. Entonces paré el coche y dije: "Vamos a rezar: Gracias, Dios, por protegernos y hacer que sea prudente. Gracias por hacer que conduzca con cuidado aunque lleguemos tarde". Luego añadí: "Me honra ser la madre de estos niños. Sé que esperas mucho de ellos y te agradezco que me hayas concedido la oportunidad de ser su madre". A veces mis hijos piensan que estoy loca, pero quiero que haya un sentido de gratitud en nuestra vida diaria».

La maternidad es más satisfactoria de lo que pensaba

A diferencia del trabajo, los niños nos recuerdan que debemos disfrutar el momento.

Ser madre puede ser una experiencia muy satisfactoria. Aunque hay otras formas de satisfacción, los niños dan un sentido especial a nuestras vidas. Nos exigen un compromiso total, y entre los momentos de frustración hay momentos de inmensa alegría. Muchas madres mayores creen que han esperado demasiado para tener hijos y quieren disfrutar de la experiencia. O se sienten satisfechas como madres simplemente porque al estar tan ocupadas no tienen tiempo de cuestionar sus objetivos personales. En cualquier caso, querer y cuidar a un hijo enriquece nuestra existencia diaria.

Aunque nos guste nuestro trabajo, normalmente la maternidad nos parece más satisfactoria emocionalmente. Virginia, que sigue trabajando como asesora con una jornada reducida, dice que ser madre es lo más satisfactorio que ha hecho hasta ahora: «Cuando nació mi hijo tenía treinta y siete años. Me sentía a gusto con mi trabajo, y desde una perspectiva personal viajaba mucho y hacía muchas cosas interesantes. Pero sin duda alguna la maternidad ha sido la experiencia más satisfactoria de mi vida, aunque no sería sincera si no dijera que también ha sido la más difícil».

A diferencia del trabajo, los niños nos recuerdan que debemos disfrutar el momento. Julia, que tiene dos hijos pequeños, dice: «Tener hijos te enseña a aprovechar el momento, a vivir de verdad y saborearlo. Durante todos estos años he tenido trabajos estupendos, pero nunca he disfrutado tanto trabajando. Me gusta mi trabajo, y tengo días buenos y malos, pero no me da la satisfacción que siento jugando en la hierba con mi hijo o mirando un gusano con él».

Beth, que tiene tres hijos, dice que aunque ser madre es muy satisfactorio hay otras cosas que también le dan satisfacciones: «Ser madre es muy satisfactorio emocionalmente. Me encanta estar con mis hijos y verlos crecer. Disfruto mucho con sus pequeños logros, desde coger una cuchara hasta atarse los zapatos. Pero también me siento satisfecha con otro tipo de cosas. Estoy muy implicada con mis hijos, y quiero que sean buenas personas, pero no obtengo toda mi satisfacción de mi papel de madre. Para mí también es importante que me aprecien por mi inteligencia y mis capacidades personales».

Sharon, que tuvo a su hija a los treinta y ocho años y dejó de trabajar para quedarse en casa con ella, comenta: «Para mí la maternidad es una práctica espiritual. Me encanta ser madre. Nunca habría imaginado que me sentiría así. Ahora mismo estoy llevando una vida que no esperaba llevar, y me siento muy satisfecha espiritualmente. He pasado mucho tiempo estudiando las religiones orientales, pero ahora no me apetece hacerlo porque mis necesidades espirituales están cubiertas. Sinceramente, me siento mucho más feliz que nunca. He encontrado la paz mental que buscaba antes de ser madre. Estoy segura de que esto es lo que debo hacer, aunque no sé aún por qué».

Ser madre es lo más difícil que he hecho en mi vida

*La responsabilidad de cuidar a otra persona nos impulsa
a encontrar lo mejor de nosotras mismas.*

Si las situaciones de las que más aprendemos son las más difíciles, no hay nada como tener hijos pequeños para averiguar cómo somos realmente. La responsabilidad de cuidar a otra persona nos impulsa a encontrar lo mejor de nosotras mismas. Como madres podemos descubrir nuevas reservas de paciencia, sabiduría y comprensión. Al mismo tiempo, ser madre saca lo peor de nosotras más a menudo de lo que nos gustaría reconocer. ¿Quién no ha perdido los nervios con un recién nacido inconsolable o un niño de dos años irritante? Pero cuando encontramos los recursos emocionales para «actuar como adultas» a pesar de la ira, el miedo y la frustración, además de dar un buen ejemplo a nuestros hijos también crecemos como personas.

Tener un hijo nos ayuda a conocernos mejor. Donna dice que ha aprendido mucho sobre sí misma al ser madre: «Siempre he tenido instintos maternales, pero estuvieron ocultos hasta que tuve a mi hijo. Tener un bebé ha sacado a la luz nuevos aspectos de mi personalidad. Soy mucho menos egocéntrica que antes. Y tengo mucha más paciencia con mi hijo que con cualquier otra persona. De hecho, a mi marido le sorprende que sea tan paciente con el niño, y cree que debería tratarle como a él».

Los niños nos obligan a afrontar tendencias personales que preferiríamos evitar. Grace comenta que le resulta muy difícil controlar la ira que siente hacia su hija: «Para mí una de las peores emociones como madre es la ira. A veces me pongo furiosa con mi hija. Lo he intentado todo: contar hasta diez, respirar profundamente, centrarme sólo en su comportamiento. Cuando pierdo los estribos me disculpo más tarde. Intento recordar que estoy tratando con una criatura que necesita mi amor aunque haga todo lo posible para alejarme de ella».

Rachael, cuyos hijos se llevan menos de dos años, dice: «Ser madre es lo más difícil que he hecho nunca, y eso que trabajé durante más de diez años en un ambiente muy estresante antes de tener hijos. Cuando trabajaba, si me sentía mal podía sentarme en mi mesa y evitar a todo el mundo. Pero si tienes hijos no puedes ignorarlos cuando no te sientes capaz de controlarlos. Aunque me sienta fatal no puedo tratar mal mis hijos. Normalmente saco fuerzas para estar a la altura de las circunstancias. Y por ejemplo les pongo otro vídeo, pero sigo siendo una buena madre. A veces me sorprendo a mí misma, porque no sabía que tenía esa capacidad. Sé que lo estoy haciendo bien como madre, y me siento muy orgullosa de eso».

Estoy aprendiendo a no controlarlo todo

La maternidad nos enseña a ser más flexibles.

Cuando nos convertimos en madres y nos damos cuenta de que no lo podemos controlar todo aprendemos a ser más humildes. Esto puede ser desconcertante para las que hemos pasado muchos años creyendo que podíamos dirigir el curso de nuestras vidas. Desde el principio, la maternidad pone de manifiesto nuestras limitaciones. No podemos controlar la duración del embarazo, el sexo de nuestro hijo, su temperamento o los rasgos que los niños heredan de nosotras. La maternidad nos enseña a ser más flexibles. ¿Cómo vamos a controlar totalmente nuestra vida familiar si ni siquiera sabemos cómo va a ir el paseo al parque un día cualquiera? Al final descubrimos que siempre nos estamos adaptando a los cambios de humor de nuestros hijos, a su personalidad y a sus fases de desarrollo. Tenemos que aceptar a nuestros hijos como son sin renunciar a nuestra responsabilidad de orientarlos. Y cuando nos sentimos vulnerables debemos reconocer que no pasa nada por no tener todas las respuestas.

Al olvidarnos del control desarrollamos la flexibilidad. Charlotte, cuyos hijos tienen cuatro y dos años, explica que está aprendiendo a aceptar que no hace falta controlarlo todo: «Una de las cosas que he aprendido de la maternidad es que tengo que ser muy flexible. Con mi primer hijo hacía unas listas larguísimas todos los días y me sentía fatal si no conseguía todos mis objetivos. Ahora no me preocupa tanto llegar tarde o que mis hijos lleven la ropa sucia. Me trago mi orgullo y me alegro de poder ir a algún sitio. He tenido que renunciar a tener siempre la casa limpia o preparar comidas equilibradas. A veces mi casa parece una leonera y cenamos en el McDonald's, pero no me importa en absoluto».

Nuestra sensación de impotencia puede conducirnos a una nueva dimensión espiritual. Eleanor dice que tener hijos pequeños le ha llevado a creer en una fuerza superior: «Soy una maniática del control, y al tener hijos me he dado cuenta de que no lo puedo controlar todo. Yo creo que por eso me he volcado en mi fe, porque no tengo control. Ahora pienso que será lo que tenga que ser. No me toca decidirlo a mí».

Una de las recompensas de la maternidad es la libertad que sentimos al reconocer que no tenemos todas las respuestas y que no pasa nada por pedir ayuda. Marcia, que es madre soltera, comenta: «La maternidad es un proceso continuo de adaptación. No tienes que ser muy dura contigo misma si cometes errores, porque no lo vas a hacer todo bien la primera vez. Tienes que confiar en tu intuición. Si algo no funciona puedes intentarlo de otro modo. He aprendido a estar abierta a la maternidad en muchos sentidos y a no tener unos esquemas rígidos. He aprendido a superar mis ideas preconcebidas y a probar cosas nuevas. También he aprendido a pedir ayuda. Ya no me da miedo porque a todo el mundo le encanta ayudar, y a mí siempre me viene bien».

Soy más tolerante

Criar a un niño pequeño nos permite en muchos casos crecer personalmente.

Los niños nos enseñan a perdonar. Aceptamos a nuestros hijos porque los queremos y porque ellos siempre están dispuestos a perdonarnos. Y normalmente somos menos críticas con los demás porque la maternidad nos ayuda a reconocer nuestras debilidades. Como madres nos damos cuenta de que todas intentamos hacer las cosas lo mejor posible, y de que a todas nos falla a veces la paciencia y el sentido común. Criar a un niño pequeño nos permite en muchos casos crecer personalmente. Y en ese proceso nos damos cuenta de que no necesitamos ser perfectas para que nuestros hijos se sientan felices y seguros.

Lucy dice que su hijo de trece meses le ha ayudado a ser menos negativa y a apreciar más las maravillas de la vida: «La maternidad me ha enseñado a querer de un modo incondicional y a controlar mis emociones. Mi hijo va a captar todas las cosas positivas y negativas que sienta. Así que tengo que revisar mi negatividad y librarme de ella. Yo creo que los niños pequeños lo ven todo bello y perfecto. No quiero que mi hijo deje de ver así las cosas por mis prejuicios».

La otra cara del espíritu crítico es la tolerancia. Sharon dice: «Tener una hija me ha hecho ser más consciente de mi tendencia natural a juzgar a los demás, y no quiero ser así porque no creo que sea adecuado para una madre. Sin embargo, estoy haciendo con ella lo que considero más apropiado, así que tengo una opinión. Uno de los mayores retos de la maternidad es que tienes que redefinir tus relaciones, sobre todo con los amigos, para poder estar con la gente sin juzgarla cuando no educan a sus hijos como tú. Para eso hay que tener mucha tolerancia. Ser madre me ha hecho más consciente de mi tendencia crítica, pero también más tolerante con otros padres y otros niños».

Renunciar a nuestro afán de perfección nos ayuda a conectar con los demás. Cynthia afirma que debemos ser honestas con nosotras mismas y con nuestros hijos si queremos que otras madres nos apoyen: «Ahora estoy aprendiendo a pensar y a hablar de los niños sin hacer juicios. Para mí ha supuesto un gran cambio. Antes de ser madre creía que sabía mucho sobre niños. Ahora me doy cuenta de lo poco que sé. Cuanto menos crítica seas contigo misma y con otros padres más feliz serás y mejor te llevarás con otras madres. Y eso es importante, porque si eres muy crítica con otras madres no se atreverán a decirte lo que piensan y no tendrás ningún apoyo. Tienes que aceptar que las cosas no son siempre perfectas para poder conseguir ayuda».

Tener hijos me permite vivir el momento presente

Los niños nos dan la oportunidad de vivir cada momento, de manera que incluso un paseo al buzón de la esquina se puede convertir en una excursión con un niño curioso.

Los niños pequeños nos obligan a ir más despacio y redescubrir el mundo. Su curiosidad y su inocencia nos hacen sentirnos jóvenes y nos ponen en contacto con nuestro entorno físico. Pero detenerse y apreciar el momento no siempre resulta fácil. Como mujeres adultas estamos acostumbradas a hacer las cosas rápidamente y tacharlas de nuestras listas. Y cuando nos convertimos en madres nos damos cuenta de que con los niños lo importante no es lo que hacen, sino cómo son. Los niños nos dan la oportunidad de vivir cada momento, de manera que incluso un paseo al buzón de la esquina se puede convertir en una excursión con un niño curioso.

Cynthia dice que sus hijas le han enseñado a estar más abierta al aquí y ahora: «Tener hijos te permite centrarte en lo que es importante. Antes de ser madre simplemente vivía la vida y no pensaba mucho en ello. Ahora comprendo lo importante que es vivir bien cada día y dar un buen ejemplo. Eso para mí significa pensar cómo he tratado a la gente y si he cumplido con mis responsabilidades. No pienso tanto en las obligaciones, y eso me permite disfrutar de las cosas pequeñas. Es un auténtico lujo. En mi vida anterior siempre estaba intentando alcanzar un objetivo, llegar a alguna parte. Con los niños se puede disfrutar de muchas cosas, como cuando sonríen o dan sus primeros pasos».

Uno de los rasgos más extraordinarios de los niños es que sean tan expresivos. A Grace le maravilla con cuánta rapidez cambia de humor un niño: «Es increíble que sus emociones sean tan cambiantes. En un momento parece que se va a acabar el mundo porque la tostada no está como ellos quieren y al minuto siguiente se están riendo por algo que han encontrado en el bolsillo del pantalón. Me encanta que no sean rencorosos. Ésa es una de las cosas que me está enseñando mi hija: a aceptar mis emociones y pasar a la siguiente».

Audrey habla del placer que experimentamos cuando vemos el

mundo a través de los ojos de nuestros hijos: «Una parte de mí quiere creer en los milagros. A veces pienso que debería arriesgarme y creer que hay algo más de lo que puedo ver. Quiero sentir parte de esa magia el resto de mi vida, y los niños nos ayudan a hacerlo».

Mi fe es más profunda

Queremos asegurarnos de que nuestra vida familiar sea coherente con nuestras creencias.

Muchas madres buscamos un contexto que nos ayude a comprender los aspectos espirituales de la maternidad. Para algunas, dar a luz es la experiencia que más nos pone en contacto con el mundo de la fe. Para otras, son las lecciones diarias que aprendemos como madres, o la sensación de que somos responsables del equilibrio espiritual de nuestros hijos además de su bienestar físico. Aunque vayamos a la iglesia «por nuestros hijos», muchas veces descubrimos que allí también hay algo para nosotras: una comunidad espiritual que proporciona a nuestra familia un refugio en un mundo imprevisible.

Si teníamos una sólida identidad religiosa antes de ser madres, tener hijos puede fortalecer nuestra fe. Introducir nuestras creencias a nuestros hijos es una forma importante de expresar cómo somos. Muchas sentimos la responsabilidad de transmitir la fe y las tradiciones que hemos heredado de nuestros padres. Creemos que nuestros hijos son espirituales por naturaleza y queremos potenciar su sentido de la espiritualidad. Formar parte de una comunidad religiosa nos permite compartir nuestras creencias y valores. Nos unimos a una congregación para demostrar a nuestros hijos que hay otras personas que creen en lo mismo que nosotros y viven de acuerdo con el mismo código moral.

Antes de casarse, Sally y su marido eran unos cristianos comprometidos. Su compromiso no ha cambiado, pero como padres de dos hijos dan importancia a otras cosas en su vida religiosa. Así lo ve ella: «Ahora nos centramos en la educación religiosa de nuestros hijos y en la vida familiar. Queremos asegurarnos de que nuestra vida familiar sea coherente con nuestras creencias, y eso hace que seamos muy conscientes de lo que decimos. Para mí es muy divertido introducir a los niños en el mundo de la fe, pero con ellos las cosas son distintas. Antes de ser padres formábamos parte de la dirección de nuestro grupo parroquial, pero decidimos dejarlo y hacer algo que nos acercara más a nuestros hijos. Hemos intentado incorporar una «misión» a nuestra vida diaria. Queremos que al vernos nuestros hijos sepan que nuestra fe es auténtica porque somos consecuentes con ella».

Algunas creen que hay que inculcar a los niños la identidad y la práctica religiosa porque son valores muy importantes. Joan afirma que su familia es más religiosa que la mayoría de las familias que conoce, y que para ella es esencial que sus tres hijos crezcan con una sólida identidad judía: «Lo más importante es que mis hijos sientan que forman parte de una comunidad de gente que actúa como nosotros por las mismas razones. Además, para los niños es importante tener un código de creencias para comprender las cosas que están por encima de ellos. No creo que se pueda educar a los niños sin unas normas morales. No se trata de que hagan las cosas sólo porque lo digan sus padres, sino porque lo dice la Biblia. Los niños necesitan tener un lugar en el que puedan sentir la espiritualidad y el poder divino. Quiero que mis hijos tengan rituales y sepan que hay algo perdurable».

Sin embargo, mientras estamos nutriendo la vida espiritual de nuestros hijos puede que nos resulte difícil cultivar la nuestra. Joan continúa diciendo que no es nada fácil hacer prácticas espirituales con tres niños pequeños: «Ahora mismo para mí no tiene mucho sentido ir a los servicios religiosos. No es muy habitual que me sienta conmovida espiritualmente en la sinagoga, porque la mayor parte del tiempo no puede centrarme en lo que está pasando. Cuando llega el momento de la oración mis hijos tienen que ir al baño, no dejan de cuchichear o están molestando a los demás. La mayoría de las cosas que tienen para mí un significado espiritual ocurren en nuestra casa. De todas formas el judaísmo es una religión muy centrada en la vida familiar. Hemos decidido celebrar el Sabbat todas las semanas. Encendemos velas, preparamos una cena especial y estamos en familia. Mis hijos saben que todos los viernes por la noche estamos juntos en casa. Para nosotros es importante santificar el tiempo que pasamos juntos».

A través de la práctica de nuestra fe potenciamos la espiritualidad innata de nuestros hijos. Rosemary, que creció en una familia religiosa que iba a misa todos los domingos, dice: «Yo creo que es importante educar a los niños con una identidad religiosa porque los niños son por naturaleza seres espirituales y se preguntan quiénes son. Necesitan saber de dónde vienen y por qué están aquí. Quiero que mis hijos comprendan el sentido espiritual de la vida. Mi fe es parte de lo que soy y quiero que ellos la compartan. Que la acepten o no será su decisión, aunque espero que lo hagan. Creo que tengo la responsabilidad de enseñarles lo que me enseñaron a mí. No sería coherente conmigo misma si no les enseñara mis creencias».

Rosemary añade que aunque empezó a ir de nuevo a la iglesia de forma regular por sus hijos comprobó que satisfacía muchas de sus necesidades personales: «Al tener hijos eres más consciente de tu propia mortalidad, porque tus hijos son la generación que te va a suceder. Ahora pienso más en la muerte y en el ciclo de la vida. Comencé a llevar a mis hijos a la iglesia por su educación religiosa, pero acabé descubriendo que también me servía a mí para abordar temas como el sentido de la vida o la mortalidad. Se trata de cómo quieres llevar tu propia vida. ¿Qué tipo de persona eres? ¿Cuál es tu propósito en la vida? He comprobado que ir a la iglesia me ayuda a afrontar las cuestiones que me planteo ahora que soy más mayor y tengo la responsabilidad de formar el carácter moral de mis hijos».

Siento que necesito volver a la iglesia

Cuando nos convertimos en madres, a algunas nos cuesta conciliar nuestro deseo de dar una orientación espiritual a nuestros hijos y nuestro desacuerdo con algunas doctrinas religiosas.

En muchos casos no nos cuestionamos nuestras creencias religiosas hasta que tenemos hijos. Aunque nos consideremos «religiosas» o «espirituales», muchas aún estamos intentando averiguar en qué creemos realmente. Cuando nos convertimos en madres, a algunas nos cuesta conciliar nuestro deseo de dar una orientación espiritual a nuestros hijos y nuestro desacuerdo con algunas doctrinas religiosas. A diferencia de nuestros padres, puede que no nos sintamos identificadas con una religión concreta. Muchas hemos investigado varias instituciones religiosas hasta encontrar una comunidad en la que nos sentimos cómodas. Y aquellas cuyas parejas practican otra religión intentan establecer una tradición familiar que incluya aspectos de ambas doctrinas. En un estudio de 1993, citado en el libro de Phil Catalfo *Raising Spiritual Children*, se comprobó que dos tercios de la generación del *baby-boom* que iban de niños a la iglesia dejaron de ir al llegar a la edad adulta, pero la mitad volvieron después de ser padres.[60]

Aunque nosotras tengamos dudas podemos pensar que la religión es importante para nuestros hijos. Gina habla de la importancia de criar a su hija con rituales religiosos a pesar de sus reservas respecto a la religión organizada: «Mi marido es católico, y yo pertenezco a la iglesia episcopal, pero vamos a una parroquia episcopal que nos gusta a los dos. Para mí es importante que mi hija conozca los rituales. Más adelante me preocuparé por el contenido, pero de momento quiero que participe en ellos. Yo creo que mientras haya un ambiente espiritual no importa a qué iglesia vayamos, siempre que nos sintamos cómodos en ella».

Grace, que volvió a la iglesia a los treinta y ocho años después de ser madre, dice que su educación religiosa ha influido mucho en ella a pesar de que no ha ido a misa en veinte años: «De pequeña iba a la iglesia todos los domingos, pero dejé de hacerlo cuando fui a la universidad. Entonces pensaba que no merecía la pena, y me parecía aburrido. Ahora me doy cuenta de que aprendí cosas fundamentales que forman parte de mí y que valoro como adulta. Desde que tengo una hija he empezado a ir de nuevo a la iglesia porque pienso que para ella es importante creer en "algo". Puede rechazarlo más tarde, pero al menos le estoy dando algo contra lo que rebelarse. Me parece importante que tenga una base religiosa para que se sienta reconfortada y sepa que en la vida hay más de lo que se ve; y francamente, yo también lo necesito».

Sigo teniendo dudas

*Los niños son intuitivamente más espirituales,
y pueden ayudarnos a ser más conscientes de esas cuestiones.*

Muchas mujeres no creemos que formar parte de una congregación sea necesario para nuestra vida espiritual. En el estudio mencionado anteriormente, el 28 por ciento de los encuestados se definieron como «religiosos» o «espirituales» sin pertenecer a una religión concreta.[61] En otras palabras, mucha gente busca un enfoque personal para satisfacer sus necesidades espirituales. De hecho, en ese mismo estudio, el 80 por ciento de los participantes afirmaron que se puede ser un buen cristiano sin ir a la iglesia.[62] Es decir, nos consideramos personas espirituales pero no siempre estamos de acuerdo con la religión establecida. Creemos que podemos expresar nuestros valores y creencias a través de la intención y el ejemplo. Y esperamos demostrar la importancia de la espiritualidad a nuestros hijos con actitudes que tengan sentido para nuestra familia.

Aunque tengamos dudas respecto a nuestras creencias religiosas nos preguntamos qué deberíamos hacer con la educación espiritual de nuestros hijos. Frances, cuyos hijos tienen cuatro meses, dice riéndose: «Mi marido y yo no hemos decidido aún quién va a ser el responsable religioso de la familia. Pero no es un gran problema para ninguno de los dos, porque la religión no formaba parte de nuestra vida anterior. Yo encuentro satisfacción espiritual en otras cosas, y me gustaría transmitir eso a nuestra vida familiar. Es un tema que tenemos sin resolver. Yo valoro lo religioso como una experiencia educativa, porque te da un toque especial para tratar con otra gente, pero no estoy dispuesta a ir a misa todas las semanas. Me encantan los rituales familiares, pero la religión nunca ha sido para mí una fuente de grandes satisfacciones. Mi marido lo ve del mismo modo. La cuestión es qué vamos a hacer con nuestros hijos».

Los niños son intuitivamente más espirituales, y pueden ayudarnos a ser más conscientes de esas cuestiones. Cynthia comenta: «Me encanta ser madre. La maternidad hace que me sienta conectada con el todo. Mi abuelo murió cuando mi hija mayor tenía dos años. Yo estaba embarazada de la segunda, aunque la mayor no lo sabía aún. Un día que íbamos en el coche yo estaba muy triste. Entonces mi hija me preguntó: "¿Estás triste porque se ha muerto el abuelo?". Yo le respondí que estaba triste por mí y por mi abuela. Y ella me dijo: "No te preocupes, mamá. Volverá como un bebé". Casi me salgo de la carretera. Yo estaba embarazada de mi segunda hija y ella dijo eso con toda naturalidad. No creo en la reencarnación ni en Dios per se, pero aquello me dio qué pensar».

Cynthia continúa diciendo que se pueden enseñar valores sin ir a la iglesia: «A mí me enseñaron mis valores dentro de la familia. Tengo un sentido moral muy firme, y eso es lo que pretendo enseñar a mis hijas. Yo creo que se enseña con el ejemplo. Algunos van a la iglesia cuando se convierten en padres, pero yo no podría hacerlo. Sería hipócrita por mi parte».

Con la vida tan ajetreada que llevamos nos puede parecer que la iglesia interfiere en la vida familiar. Eve creció en una familia judía, pero se resiste a llevar a sus hijos a la escuela dominical porque el domingo es uno de los pocos días que pueden estar juntos en familia: «Tengo muchas reticencias para mandar a mis hijos a la escuela dominical, porque desde una perspectiva egoísta prefiero hacer otras cosas con ellos, como ir a jugar al parque. Tengo que considerar qué importancia tiene la tradición y qué quiero transmitir. Yo fui de pequeña a la escuela dominical, pero no creo que me proporcionara un código de valores. Lo que determinó mi forma de ver la vida lo aprendí de mi familia, no de la religión. Sin duda alguna me siento judía, pero no creo que tenga nada que ver con el contenido religioso; es más bien una cuestión social y cultural. No creo que mi religión me diera un sentido de la espiritualidad. Si lo tengo es por otros motivos. Así que no se aún cómo voy a transmitir eso a mis hijos».

Las parejas que practican distintas religiones tienen que hacer un esfuerzo para expresar su fe de un modo unificado. Aunque Victoria y su marido no encuentran una iglesia a la que puedan ir juntos, para ella estar juntos en familia es una parte importante de su vida espiritual: «Mi marido y yo pertenecemos a diferentes religiones. Yo iba a la iglesia de pequeña, pero dejé de hacerlo al llegar a la adolescencia. Cuando tuvimos hijos quise volver de nuevo en familia, pero no nos decidíamos por ninguna iglesia, así que llevé a mi hija a mi parroquia. Pero era un engorro porque el domingo era el único día que podíamos estar todos juntos, y pasábamos la mitad del día separados. No me sentía bien porque no estaba allí toda la familia, y uno de los valores que quería potenciar era la unidad familiar. Nos planteamos ir a otro sitio, pero no lo hemos decidido aún. Yo creo que los valores se enseñan en casa, y no quiero utilizar la iglesia como un soporte. Ir a la iglesia es una buena experiencia para los niños, pero a nivel espiritual no creo que deje de ir al cielo por no ir a misa. Seguimos pensando en estas cuestiones».

Quiero celebrar el nacimiento de mi hijo

La celebración del nacimiento puede ser una ocasión estupenda para reunir a la familia y a los amigos y hacer público nuestro compromiso de cultivar la vida espiritual de nuestros hijos.

Como madres somos responsables de la educación moral de nuestros hijos además de su bienestar físico. La celebración del nacimiento puede ser una ocasión estupenda para reunir a la familia y a los amigos y hacer público nuestro compromiso de cultivar la vida espiritual de nuestros hijos. Muchas creemos que es importante bautizar a nuestros hijos o realizar un *bris* o una ceremonia de bendición para celebrar su nacimiento. Algunas incluso crean sus propias ceremonias. Estas celebraciones pueden estar basadas en tradiciones familiares y culturales o en nuestra educación religiosa. Las cuestiones respecto a nuestras creencias y el sentido de la vida que nos planteamos en estas ceremonias forman parte del viaje espiritual que iniciamos desde ese momento con nuestros hijos.

Nuestro sentido de lo espiritual puede combinar expresiones tradicionales y naturales. Rebecca habla del bautizo de su hija: «Yo creo que es importante reforzar determinados valores yendo a la iglesia. Yo desarrollé mi propio sentido de la espiritualidad, pero creo que es el resultado de la formación que me dieron mis padres al llevarme a la iglesia. Bautizamos a nuestra hija con el faldón que había llevado mi tatarabuelo. El día del bautizo llovía a cántaros, pero fue perfecto porque nuestro concepto de Dios está basado de algún modo en la naturaleza. Nos pareció estupendo que fuera bautizada por la lluvia el mismo día que el sacerdote la bautizó con agua bendita».

A medida que tenemos más hijos la celebración de sus nacimientos puede evolucionar. Joan realizó rituales judíos con sus tres hijos: «Con nuestra primera hija hicimos una ceremonia de bendición normal y corriente. Para mí fue algo que tenía que hacer. Lo hice por nuestras familias, porque quería que mi hija estuviera unida a ellos y a una tradición religiosa. Con nuestro segundo hijo hicimos un *bris* con una circuncisión y una ceremonia de bendición. No me agradó que sufriera, pero tuvo un sentido más religioso. Con nuestra tercera hija celebramos una gran ceremonia de bendición porque no queríamos que se sintiera inferior. En vez de utilizar el servicio tradicional creamos nuestra propia ceremonia basándonos en distintas fuentes. Hacerlo de esa manera tuvo mucho más sentido».

Stephanie, que dejó la congregación en la que creció porque no se encontraba cómoda en ella, dice que es su pareja la que se está ocupando de la educación religiosa de su hijo de dos años: «Yo no me sentía capaz de comprometerme a educar a nuestro hijo en la religión. Sin embargo, hicimos una ceremonia de bendición cuando tenía tres meses. Fue una experiencia maravillosa. Me conmueve el poder de una congregación religiosa unida por el amor, la tolerancia y la aceptación. Para mí es muy importante, y quiero que él viva esas experiencias».

Crear nuestras propias celebraciones puede tener más sentido en algunos casos. Audrey es católica y su marido es judío. Cuando nació su hijo diseñaron su propia ceremonia para celebrarlo, que recuerda así: «Al hablar de lo que íbamos a hacer decidimos que la ceremonia debía ser una bendición para el bebé pero también para la madre en reconocimiento a su esfuerzo. Así que mi marido lo organizó todo para que también fuera una fiesta para mí. Hablamos de lo que queríamos hacer –lecturas, canciones, quién haría qué– y luego escribió el guión. Invitamos a muchos amigos y familiares. Fue la primera reunión comunitaria de nuestro hijo, y la primera vez desde nuestra boda que reuníamos a todas aquellas personas. Fue algo sincero porque no se hizo de forma maquinal».

Audrey prosigue hablando de lo difícil que resulta combinar diferentes religiones y culturas: «Yo creo que la preparación de la ceremonia fue una experiencia espiritual. Pensar en lo que era importante y lo que queríamos comunicar fue estupendo. Sin embargo, la ceremonia en sí no salió como esperábamos. Fue más bien una representación, con un ambiente un poco tenso. Y como habíamos reunido a gente con diferentes creencias no sabíamos si todos lo entendían. Era en cierto sentido un campo de batalla religioso. Es difícil hacer algo distinto que tenga sentido para todo el mundo».

Disfruto más de las fiestas

*Celebrar las fiestas nos ayuda a reforzar
nuestro sentido familiar.*

Cuando somos madres muchas mujeres descubrimos que las fiestas tienen una importancia especial. Ver las tradiciones y los rituales a través de los ojos de un niño nos permite vivirlos con más intensidad. Incluso los niños más pequeños aprecian los colores, los olores y los sonidos de las celebraciones festivas aunque no comprendan el significado religioso o cultural del acontecimiento. Como afirma Elizabeth Berg en *Family Traditions*: «Las celebraciones hacen que unos días sean más especiales que otros. Nos proporcionan un estímulo para seguir adelante y son una declaración formal de que la vida está llena de cosas por las que debemos estar agradecidos».[63] Las celebraciones heredadas o personales nos recuerdan lo que es importante en medio de la rutina cotidiana de la paternidad.

Algunas deciden continuar con las tradiciones familiares con las que han crecido. Rosemary comenta que sus fiestas son de carácter familiar: «Las celebramos como lo hacían mis padres cuando nosotros éramos pequeños. Celebramos todas las fiestas, normalmente con familiares, pero como no vivimos todos cerca no nos reunimos siempre los mismos. Mi madre daba mucha importancia a las fiestas, y por eso las recuerdo con cariño. Ahora me toca a mí transmitir eso a mis hijos».

Celebrar las fiestas nos ayuda a reforzar nuestro sentido familiar. Joyce, que tiene dos hijos, dice que con las fiestas ella y su marido empezaron a ser conscientes de que eran una familia: «Hemos hecho un esfuerzo deliberado para pasar las fiestas en nuestra casa y no ir a casa de sus padres o los míos en Navidad. Se lo hemos planteado a nuestras familias y todos lo han aceptado. Para nosotros es muy importante porque ahora tenemos nuestra propia familia. Ya no tenemos que celebrar el día de Navidad con todos nuestros familiares. Es fantástico sentir eso y ponerlo en práctica».

A veces no sabemos cómo celebrar las fiestas porque nuestras tradiciones y creencias familiares no coinciden con las de nuestra pareja. Doreen, que tiene tres hijos, dice que no ha decidido aún cómo serán sus celebraciones y prácticas espirituales: «Mi marido es judío y yo soy agnóstica. Su familia no era muy religiosa, así que nunca ha supuesto un problemas porque tenemos unos valores similares. Pero desde que llegaron los niños es más complicado. Ahora celebramos el Hanukkah y la Navidad. Este año he descubierto que uno de los aspectos importantes del Hanukkah es ser coherente con tus creencias, y he tenido que preguntarme: "¿En qué creemos? ¿Cómo vamos a transmitir esas creencias a nuestros hijos?". Sé por mi propia infancia que los padres deben practicar lo que predican. Así que mi marido y yo vamos a tener que hablar más de este asunto, porque si no tenemos claro en qué creemos no podremos demostrárselo a nuestros hijos».

El espíritu festivo puede llegar incluso a los niños más pequeños. Caroline, que tiene cuatro hijos, dice: «Yo creo que hasta los más pequeños captan el espíritu festivo. Ven cómo se encienden las velas, huelen las galletas recién horneadas y disfrutan con los preparativos sin que les afecte el estrés de las compras de última hora o la sensación de que has gastado mucho dinero. Lo ideal sería reducir las fiestas a los rituales que refuerzan tus valores».

Es importante establecer tradiciones familiares

Las tradiciones familiares nos permiten detenernos, apreciar el momento y sentir que formamos parte de algo más grande.

Las tradiciones nos dan un sentido de identidad y pertenencia. Nos conectan con nuestras familias y comunidades y hacen que seamos más conscientes de nuestros orígenes, cultura y prácticas religiosas. Las tradiciones familiares nos permiten detenernos, apreciar el momento y sentir que formamos parte de algo más grande. Todos los padres saben que a los niños les gusta la rutina. La ritualidad de los acontecimientos habituales proporciona tanto a los padres como a los hijos un sentido de previsibilidad, bienestar y seguridad. Como señala Elizabeth Berg: «Las tradiciones dan sentido y amor a nuestras vidas... Una tradición no tiene por qué ser seria y rigurosa. Puede ser algo que se hace una vez y se repite porque nos sienta bien».[64]

Siempre es importante dar un sentido especial a las cosas cotidianas. Deborah agradece que sus padres hicieran esto con ella y quiere hacer lo mismo con su hijo de dos años: «Las tradiciones no tienen por qué ser cosas grandes, sino algo que se recuerde con cariño. Crean un sentido familiar de permanencia, y eso es muy importante. Aunque mi hermana, que tiene una niña pequeña, vive cerca de mí, no nos vemos mucho. Empezamos a vernos más porque queríamos que nuestros hijos se relacionaran. Vinieron en Pascua para que los niños pintaran huevos juntos, como hacíamos nosotras de pequeñas. A las dos nos encantó recordar esa tradición y transmitírsela a nuestros hijos».

Cada familia crea sus propias tradiciones. Rosemary, que tiene tres hijos, dice que hay cosas que hacen con regularidad que son exclusivas de su familia: «Todos los años hacemos una serie de cosas establecidas. Pasamos las vacaciones de verano en el mismo sitio. Vamos juntos a la inauguración de la temporada de fútbol. En otoño cogemos manzanas, y casi todos los domingos vamos a cenar al mismo restaurante. Es importante tener tradiciones familiares, celebrarlas y hacer cosas juntos que nos gusten a todos. Yo creo que hacer cosas en familia de forma habitual define y refuerza el sentido familiar».

Alicia habla de las tradiciones judías que ella y su marido han empezado a celebrar con su hija de dos años: «Nuestras tradiciones tienen ahora un sentido religioso más profundo. En primavera hay una ceremonia judía en la que se planta un árbol y se dice una pequeña bendición. Este año lo hemos hecho con mi hija. Podríamos haberlo hecho de todos modos, pero con un niño tiene un significado especial. Así podremos enseñarle el árbol para que recuerde cuándo lo plantamos. Puede que lo hagamos todos los años para tener una hilera de árboles.

Además de las tradiciones religiosas hay otros rituales que ahora practicamos más a menudo. Me encantan todas esas cosas que dan sentido a nuestras vidas».

Tener hijos es emprender un viaje espiritual porque los niños enriquecen nuestra vida y le dan más sentido. Al iniciar este viaje a través de una doctrina organizada o de una búsqueda personal descubrimos que no hay nada como la maternidad para aprender las lecciones más profundas de la vida. Quiénes somos, en qué creemos y a qué damos importancia forman parte de la espiritualidad de nuestra familia. Al educar a nuestros hijos alcanzamos nuevos niveles de autoconocimiento, sabiduría, fe y sobre todo esperanza.

NUEVE

*Tengo que crear
mi propia
comunidad*

Los sentimientos más profundos
vienen de la conexión con otros
seres humanos. La gente
que se relaciona con los demás
vive más tiempo.
ALLAN LUKS

*Con el apoyo de tu comunidad
serás capaz de hacer cosas
que no pensabas que podías hacer.*
M. Scott Peck

Una de las realidades de la vida moderna americana es la pérdida de sentido comunitario. Aunque como nación tenemos una larga historia de autodeterminación, el inconveniente de la libertad individual es que no siempre nos sentimos unidas a una comunidad de gente. Es difícil tener un sentido de cohesión en una cultura en la que alrededor del 30 por ciento de la población cambia de domicilio cada dos años.[65] Esto no quiere decir que no haya gente especial en nuestras vidas. Antes de tener hijos nuestro lugar de trabajo o las asociaciones profesionales constituían para nosotras una comunidad importante. Pero al convertirnos en madres aumenta nuestro deseo de tener otro tipo de comunidad, no sólo por el apoyo práctico, sino también por nuestro bienestar emocional y espiritual.

Aunque siempre hayamos valorado la independencia y el cambio, muchas nos acordamos de las sólidas comunidades de las generaciones anteriores y de los vínculos sociales que ofrecían a los nuevos padres. Pero en su libro sobre la creación de una comunidad Carolyn Shaffer y Kristin Anundsen dicen que no deberíamos intentar recrear el pasado. Muchas de estas comunidades estaban basadas en la obligación y la necesidad de conformidad. Ahora tenemos la oportunidad de construir nuestras comunidades sobre la base de unos valores comunes y el sentido de la responsabilidad.[66] De hecho, George Bager, Harry Specht y James Torczyner señalan en su libro que «las comunidades se forman para alcanzar un objetivo concreto que sus miembros no pueden conseguir solos».[67] Sin duda alguna, la maternidad entra dentro de esta categoría.

Pertenecer a una comunidad satisface nuestra necesidad de relacionarnos y combate la soledad que podemos sentir al convertirnos en madres. En su libro *A Different Drum*, M. Scott Peck afirma que en una auténtica comunidad nos sentimos aceptados, escuchados y apreciados. Sin embargo, reconoce que crear una comunidad exige un gran esfuerzo. Tenemos que estar dispuestos a comunicarnos con sinceridad, aceptar las diferencias entre los miembros del grupo y comprometernos a participar.[68] Y a cambio recibimos seguridad, identidad y pertenencia. Tanto para los adultos como para los niños es importante saber que hay un grupo de gente con el que pueden contar sin dejar de ser fieles a sí mismos.

Tengo algo en común con todas las madres

En el nivel más evidente, muchas madres se sienten unidas a otras mujeres por la sencilla razón de que también son madres.

Como señalan Shaffer y Anundsen, se ha abusado de la palabra «comunidad» para describir una gran variedad de afiliaciones y asociaciones. Aunque las comunidades pueden existir por unas circunstancias concretas o por una decisión consciente,[69] las nuevas madres comparten ambas experiencias. En el nivel más evidente, muchas madres se sienten unidas a otras mujeres por la sencilla razón de que también son madres. Después de dedicar muchos años a desarrollar nuestra independencia, cuando tenemos hijos nos sentimos más cerca de la humanidad. Somos más abiertas y comprensivas. Aunque no formemos parte de la misma comunidad, compartimos la experiencia universal de traer hijos al mundo. Normalmente esta conexión se establece gracias a la amabilidad de la gente que nos rodea. Es cierto que hay veces en las que lo último que queremos es que una desconida nos diga que tenemos que abrigar a nuestro bebé mientras estamos paseando. Pero en el fondo nos conmueve la cordialidad y el interés que la gente muestra por nuestra nueva familia.

La maternidad puede abrirnos a otras personas. Veronica, que tiene dos hijos, dice que comenzó a sentirse unida a otras madres en cuanto se quedó embarazada: «Yo creo que empiezas a sentir esa conexión cuando otras mujeres se acercan a ti, te hacen preguntas y comparten contigo sus experiencias. Como madre me siento unida a la vida. ¿Cómo no vas a tener empatía por alguien que ha tenido un hijo? El hecho de ser madre me ayudó a sentirme más unida al universo».

Serena, que tiene un hijo de dos años y un bebé, cree que ser padre te da algo en común con cualquier otro padre: «Cuando tienes hijos todo el mundo es muy amable, y se crean unos vínculos que no existirían de otro modo. Para mí ha sido muy interesante, porque todos los abuelos de mi marido están vivos, así que mis hijos tienen cuatro bisabuelos. Sus abuelas han sido amas de casa toda su vida, y no creía que tuviera nada en común con ellas. Pero desde que soy madre tenemos un vínculo especial. Todo el mundo tiene que educar a sus hijos en algún momento, ahora o hace sesenta años. De repente tienes muchas cosas en común».

Necesito a otras madres

Con otras mamás podemos compartir información y recursos mientras adquirimos confianza en nuestro nuevo papel.

Aunque al ser madres nos sentimos unidas a otras madres, no nos hacemos amigas de cualquiera que tenga un bebé de forma automática. Aún tenemos que dar muchos pasos para crear una verdadera comunidad para nuestra familia. Uno de los lugares más evidentes para comenzar nuestra búsqueda es la compañía de otras madres, porque además de compartir nuestros intereses y preocupaciones tienen el mismo horario. Gracias a la camaradería con otras mujeres ampliamos nuestra perspectiva como madres y nos tomamos con humor los altibajos de la maternidad. Con otras mamás podemos compartir información y recursos mientras adquirimos confianza en nuestro nuevo papel. Sólo otra madre puede compadecernos de verdad cuando nuestro hijo se declara en huelga de hambre. Ya sea a través de un grupo organizado de madres o en un grupo informal de amigas, estar con otras mamás nos ofrece la posibilidad de compartir nuestras dudas, temores y alegrías.

Los grupos de apoyo con un objetivo específico pueden resultar muy útiles. Heidi, que forma parte de un grupo de madres de gemelos organizado por el hospital local, valora la sabiduría de otras mujeres que comparten la experiencia de tener más de un hijo: «Me encanta este grupo. Es estupendo porque puedes plantear todas las cuestiones que te preocupan. Normalmente hay alguien más que tiene hijos de la edad de los tuyos o un poco más mayores que te puede dar su punto de vista. Un día que una mujer con trillizos describió su situación pensé que no tenía derecho a quejarme. Asistir a esas reuniones me ayuda a ver las cosas con perspectiva».

Brenda, que tiene un hijo de tres años, se reúne una vez al mes con un grupo de mamás trabajadoras: «Yo creo que la necesidad de pertenecer a una comunidad es un instinto humano. Lo llevamos en nuestros genes y comienza a manifestarse cuando nos convertimos en padres. Cuando mi hijo tenía un año empecé a reunirme con un grupo de madres trabajadoras que ha sido mi tabla de salvación. Ninguna de nosotras tiene mucho tiempo libre, pero esto es muy importante para todas. Tengo la sensación de que es lo único que hago por mí misma, porque todo lo demás depende de mi trabajo, mis hijos o mi marido. En este grupo hablamos de todo. Al compartir mis experiencias me he dado cuenta de que no soy una mala madre y de que mi hijo es normal. Es fantástico, porque aunque no sea una madre perfecta me siento aceptada en este grupo».

Estoy más involucrada en mi barrio

*Como madre apuesto más por el futuro
porque es el futuro de mis hijos.*

A veces, nuestro sentido de conexión como madres se extiende a nuestros vecinos y se manifiesta en una mayor responsabilidad cívica. Con los niños pasamos más tiempo en nuestra comunidad. Hacemos un esfuerzo para conocer a nuestros vecinos y nos sentimos más responsables de nuestro entorno físico. Al tener hijos muchas acabamos trabajando en mayor o menor medida para mejorar nuestros barrios y ciudades.

Grace dice que el hecho de ser madre le hace ser más consciente de su barrio y de la gente que vive en él: «Cuando paseo por la calle con mi hija vamos muy despacio, y saludo a todo el mundo que nos encontramos por el camino. Hay tanta gente que ha sido amable conmigo que yo también intento ser amable con los demás. Ahí es donde comienza la comunidad, en los pequeños gestos hacia la gente que nos rodea. Como madre sé lo difícil que es hacer las cosas más básicas (como entrar o salir de una tienda), y cuando veo que alguien tiene dificultades procuro echarle una mano. Antes de ser madre iba con demasiada prisa para fijarme en nadie. La maternidad ha humanizado mi entorno».

Nuestra red social se expande a medida que nuestros hijos crecen. Alicia, que tiene una hija de dos años y medio, comenta: «De repente me di cuenta de que al ir a la escuela mi hija conocería a otros niños, y que al conocer a sus padres tendríamos que colaborar con ellos. Por eso nos integramos en nuestra comunidad. Ahora participo en ella de un modo activo y formo parte de un grupo que quiere mejorar nuestro barrio en todos los sentidos. Como madre apuesto más por el futuro porque es el futuro de mis hijos. Tengo un interés más directo por el tráfico, las escuelas, los parques y las cuestiones de seguridad».

Alicia prosigue hablando de las ventajas y los inconvenientes de participar en una comunidad: «Es apasionante conocer gente y formar parte de la comunidad, pero al trabajar con toda esa gente surgen algunas diferencias. A veces resulta frustrante, pero también disfruto mucho. Me habría involucrado de todas formas, pero tener un hijo hace que sea más urgente y concreto. Tengo más razones para hacerlo. Este activismo ha sido muy positivo en mi vida».

¿Puedo crear una comunidad a través de Internet?

Lo que nos ofrece Internet a muchas de nosotras es una forma sencilla de mantenernos en contacto.

Muchas creemos que el sentido de comunidad sólo se establece cuando la gente se ve cara a cara. Pero con 120 millones de americanos conectados a la red,[70] cada vez utilizamos más Internet para fortalecer los lazos que nos unen. Es indudable que un mensaje electrónico nunca podrá sustituir a un café con una antigua amiga. Sin embargo, Internet es una herramienta fabulosa para estar en contacto con el mundo. Facilita la comunicación de nuestras redes personales y profesionales. Nos permite acceder a páginas web que proporcionan información, consejos e incluso productos maternales. Y puede ayudarnos a conocer a otras nuevas madres.

Lo que nos ofrece Internet a muchas de nosotras es una forma sencilla de mantenernos en contacto. Las madres con niños pequeños no tenemos mucho tiempo libre, y a veces no nos sobra ni media hora para escribir una carta o hacer una llamada de teléfono. Pero con un e-mail no nos cuesta mucho tiempo o dinero estar en contacto con la gente. Podemos hacerlo desde casa, sin tener que contratar a una canguro o cambiarnos de ropa. El correo electrónico nos permite conectarnos cuando nos conviene (si aún nos acordamos de lo que queríamos decir) en vez de tener que esperar hasta una hora razonable para llamar por teléfono. Con las compras ocurre lo mismo. Podemos comprar a través de Internet desde nuestro ordenador a cualquier hora del día o de la noche sin el engorro que supone llevar a un niño de tiendas.

Casey, que tiene dos hijos, dice que Internet le ayuda a hacer cosas que de otro modo le quitarían tiempo para su familia: «Una parte de mi trabajo como madre consiste en crear una comunidad para mi familia. El correo electrónico me ayuda a comunicarme rápidamente con la gente, y también hago muchas compras en la red. Básicamente utilizo Internet para tener más tiempo libre y poder dedicárselo a mi familia y mis amigos».

El acceso electrónico a la información nos permite estar conectadas con el mundo de un modo que hace sólo unos años habría sido imposible. Paula comenta: «Entro en Internet cuando quiero consultar algo. Normalmente accedo a páginas web para padres cuando tengo alguna duda relacionada con mis hijos. Además, mi padre vive en otro estado y lleva un tiempo enfermo. Para saber algo más sobre su enfermedad fui a World Wide Web y encontré información médica que me ha permitido ayudarle desde lejos. Como las madres somos normalmente las responsables de la salud familiar es fabuloso que tengamos acceso a ese tipo de información. Por otro lado es muy divertido entrar en la red con los niños. Mi hijo de cuatro años me preguntó hace poco por Martin Luther King. Cuando yo era pequeña iba a la enciclopedia para consultar esas cosas, pero ahora las miro en Internet. Además de encontrar una fotografía del doctor King descubrimos una página web en la que se reproducen fragmentos de sus discursos. Para mi hijo fue algo mágico».

Aunque muchas nuevas madres no tienen tiempo ni deseos de hacer nuevas amigas a través de Internet, algunas han encontrado comunidades de apoyo y buenas amistades en la red. Shannon empezó a conectarse a Internet cuando su hijo tenía año y medio para mantener una relación adulta con otras personas: «Cuando dejé de trabajar pensaba que me convertiría en una maruja a la que nadie querría conocer. Pero encontré una comunidad de madres en la red. En esta comunidad el acceso es limitado y todo el mundo debe usar su nombre real, con lo cual la gente tiene una actitud más responsable. Todos los días intercambio e-mails con esas mujeres, que saben más de mi vida cotidiana que algunas de mis amigas. Somos más sinceras respecto a lo que nos ocurre porque no tenemos que guardar tanto las apariencias. Yo creo que las comunidades virtuales te permiten ser como realmente eres. Siempre he sido muy sociable, y de esta manera he podido conocer a muchas más madres. Sin duda alguna he ampliado mi comunidad a través de Internet».

Estoy creando mi propia comunidad

Además de unos intereses comunes, una auténtica comunidad nos ofrece amor, apoyo y la oportunidad de conocer mejor la naturaleza humana.

Como mujeres trabajadoras, nuestra principal comunidad giraba en torno al trabajo. Hacíamos amistades, compartíamos experiencias y teníamos un sentido de pertenencia en el mundo profesional. Sin embargo, al tener un bebé nos damos cuenta de que nuestro lugar de trabajo no nos proporciona el apoyo que necesitamos como madres y de que tenemos que buscarlo en otro sitio. La idea de crear nuestra propia comunidad puede asustarnos, pero puede ser tan sencillo como reunirnos con un grupo de mujeres de forma regular con la intención de apoyarnos mutuamente. Aunque exige un esfuerzo la recompensa merece la pena. Además de unos intereses comunes, una auténtica comunidad nos ofrece amor, apoyo y la oportunidad de conocer mejor la naturaleza humana. El hecho de sentirnos incluidas y aceptadas nos ayuda a superar algunos de los sentimientos de inseguridad que podemos tener como nuevas madres.

La amistad con otras mamás puede ser tan importante que esas amigas comienzan a parecer de la familia. Ann Marie, cuyos hijos tienen uno y tres años, habla de la amistad que ha establecido con un grupo extraordinario de mujeres: «Como no tengo familia aquí he tenido que esforzarme más, pero ha valido la pena. Me siento afortunada, porque tengo unas amigas maravillosas que también tienen niños pequeños. Además de estar juntas me han ayudado a superar los momentos difíciles de la maternidad».

Nuestros hijos traen gente a nuestras vidas. Stephanie habla del grupo de amigos que constituyen una familia para su hijo de dos años y de lo que ha hecho él para reunir a esas personas: «Es estupendo que nuestro hijo tenga una comunidad de gente que se preocupa por él. Además él ha enriquecido las vidas de nuestros amigos, y eso se refleja en su autoestima. Sabe que hay un montón de gente que quiere estar con él y disfruta con su compañía. No sólo sus padres piensan que es el centro del universo y que es fabuloso. Es un auténtico regalo para todos».

Roberta, que tiene un hijo de tres años, se trasladó hace seis meses al otro extremo del país. Así ve su nueva comunidad: «Me suelen preguntar a menudo si he hecho amigos aquí. Aunque las amistades se forman poco a poco creo que estoy haciendo progresos. Karen, Jill y su marido, Jeff, vinieron anoche al hospital para ver cómo estaba mi hijo después de caerse del sofá y perder el conocimiento. Jill llamó a urgencias y les explicó lo que había pasado. Leslie cuidó a mi hijo mientras yo localizaba a mi marido. Luego esperó a que llegara a casa, le explicó cómo se iba al hospital y se encargó de cerrar la puerta. Los niños del barrio fueron corriendo a la verja para asegurarse de que la ambulancia encontraba la dirección. Karen nos prestó la silla del coche para poder volver a casa. Jennifer y Ellen dejaron unos mensajes en los que decían: "Hemos oído que tu hijo está mal. Dinos si hay algo que podamos hacer". Pero sobre todo Jill y Karen estuvieron allí».

Roberta concluye diciendo: «Mi hijo está ya bien. (El escáner ha sido para él toda una experiencia: un viaje en ascensor, una máquina enorme que daba vueltas y un ordenador fantástico para jugar.) Después de romperme en mil pedazos me he sentido redimida por la amistad y el apoyo de otras mujeres».

Sería maravilloso vivir en una cultura en la que nuestra red de amigos y familiares pudiera desplazarse cuando nace un bebé para cuidarnos y ayudarnos en nuestro nuevo papel de madres. Sin embargo, en la mayoría de los casos tenemos que crear nuestras propias comunidades a través de la intención y el compromiso. Pero cuando encontramos una auténtica comunidad descubrimos que la suma de nuestras capacidades individuales es más poderosa que de forma aislada. La contribución de cada miembro al objetivo común nos proporciona una identidad y un sentido de conexión. Espero que encuentres una comunidad que te sirva de apoyo en las aventuras de la maternidad.

Notas

UNO: ¡Oh Dios mío, tengo un bebé!
1. Anita Shreve, *Remaking Motherhood: How Working Mothers Are Shaping Our Children's Future* (Nueva York: Viking, 1987), 16.
2. Lucy Scott y Meredith Joan Angwin, *Time Out for Motherhood: A Guide for Today's Working Women to the Financial, Emotional and Career Aspects of Having a Baby* (Nueva York: St. Martin's Press, 1986), 102.
3. M.S. Rosenthal, *The Fertility Sourcebook* (Los Ángeles: Lowell House, 1995), 44.
4. *The World Almanac and Book of Facts* (Mahwah, NJ: PRIMEDIA Reference, Inc., 1999), 745.
5. T. Berry Brazelton, *Touchpoints: Your Child's Emotional and Behavioral Development* (Reading, MA: A Merloyd Lawrence Book/Perreus Books, 1992), 37-39.
6. Marshall H. Klaus, John H. Kennell y Phyllis H. Klaus, C.S.W,M.F.C.C., *Bonding: Building the Foundations of Secure Attachments and Independence* (Reading, MA: A Merloyd Lawrence Book/Addison Wesley, 1995), 45.
7. *Ibíd.*, 59.
8. Arlene Eisenberg, Heidi E. Murkoff y Sandee E. Hathaway, B.S.N., *What to Expect When You're Expecting* (Nueva York: Workman Publishing Company, Inc., 1996), 383.
9. Andrea Boroff Eagan, *The Newborn Mother: Stages of Her Growth* (Boston: Little, Brown and Company, 1988), 27.
10. Brazelton, *Touchpoints*, 39-40.
11. Eagan, *The Newborn Mother*, 27-28.
12. U.S. Bureau of the Census, *Statistical Abstract of the United States: 1998, 118th edition* (Washington, DC: U.S. Government Printing Office, 1998), 89.
13. Eagan, *The Newborn Mother*, 37.
14. *Ibíd.*

15. Eisenberg, Murkoff y Hathaway, *What to Expect*, 545.
16. Eagan, *The Newborn Mother*, 43.
17. Ted Ayllon, *Stopping Baby's Colic* (Nueva York: A Perigree Book, 1989), 23.
18. Sally Placksin, *Mothering the New Mother* (Nueva York: Newmarket Press, 1994), 76.

DOS: No sé cómo ser madre

19. Erik Erikson, *Identity and the Life Cycle* (Nueva York: W.W. Norton, 1980), 103, 125.
20. Andrea Boroff Eagan, *The Newborn Mother: Stages of Her Growth* (Boston: Little, Brown and Co., 1985), 39-150.
21. Lucy Scott y Meredith Joan Angwin, *Time Out for Motherhood: A Guide for Today's Working Women in the Financial, Emotional and Career Aspects of Having a Baby* (Nueva York: St. Martin's Press, 1986), 100.

TRES: ¿Cómo puedo combinar mi identidad profesional con la maternidad?

22. U.S. Bureau of Census, *Statistical Abstract of the United States: 1999, 119th edition* (Washington DC: U.S. Government Printing Office, 1999), 413.
23. Arlie Hochschild, *The Second Shift: Working Parents and the Revolution at Home* (Nueva York: Viking, 1989), 272.
24. Carolyn Pape Cowan y Philip A. Cowan, *When Partners Become Parents: The Big Life Changes for Couples* (Nueva York: BasicBooks/HarperCollins, 1992), 121.
25. Hochschild, *The Second Shift*, 7.
26. Alison Clarke-Stewart, *Daycare* (Cambridge, MA: Harvard University Press, 1993), 7.
27. Grace K. Baruch, Rosalind Barnett y Caryl Rivers, *Lifeprints* (Nueva York: Prime Printing, 1983), 163.
28. Bonnie Michaels y Elizabeth McCarty, *Solving the Work/Family Puzzle* (Business One Irwing, 1992), 39-40.
29. Luisa Kroll, «Entrepreneur Moms», *Forbes*, 18 de mayo de 1998, 84.

CUATRO: Tener un hijo ha cambiado la relación con mi marido

30. Jay Belsky y John Kelly, *The Transition to Parenthood: How a First Child Changes a Marriage* (Nueva York: Delacorte Press, 1994), 29.
31. Ibíd., 28-31.
32. Ibíd., 33.

33. Ibíd., 40.
34. Carolyn Pape Cowan y Philip A. Cowan, *When Partners Become Parents: the Big Life Change for Couples* (Nueva York: BasicBooks/Harper Collins, 1992), 188-189.
35. Ibíd., 12.
36. Ibíd., 7.

CINCO: ¿Cómo se implicarán nuestros padres en nuestra nueva familia?

37. Arthur Kornhaber, *Between Parents and Grandparents* (Nueva York: St. Martin's Press, 1986), 12-13.

SEIS: ¿Cómo educamos a los niños y a las niñas?

38. Evelyn Bassoff, *Between Mothers and Sons: The Making of Vital and Loving Men* (Nueva York: A Dutton Book/The Penguin Group, 1994), 65.
39. Michael Gurian, *The Wonder of Boys* (Nueva York: G.P. Putnam & Sons, 1996), 13.
40. Jeanne Elium y Don Elium, *Raising a Daughter: Parents and the Awakening of a Healthy Woman* (Berkeley, CA: Celestial Arts, 1994), 14.
41. Gurian, *The Wonder of Boys*, 16.
42. Elium y Elium, *Raising a Daughter*, 19.
43. Gurian, *The Wonder of Boys*, 5, 8.
44. Ibíd., 6.
45. Bassoff, *Between Mothers and Sons*, 17.
46. Ibíd., 14.
47. Elium y Elium, *Raising a Daughter*, 50, 59.
48. Bassoff, *Between Mothers and Sons*, 52.
49. Ibíd., 3.
50. Ibíd., 52.
51. Ibíd., 25.

SIETE: ¿Estamos preparados para tener más hijos?

52. Judy Dunn, *From One Child to Two* (Nueva York: Fawcett Columbine, 1995), 4.
53. Carla Harkness, *The Infertility Book: A Comprehensive Medical and Emotional Guide* (Berkeley, CA: Celestial Arts Publishing, 1992), 77.
54. Harriet Fishman Simons, *Wanting Another Child: Coping with Secondary Infertility* (Nueva York: Lexington Books, 1995), 4.

55. Ellie McGrath, *My One and Only* (Nueva York: William Morrow, 1989), 30.
56. *Ibíd.*

OCHO: La maternidad es un viaje espiritual

57. Elin Schoen, *Growing with Your Child: Reflections on Parental Development* (Nueva York: Doubleday, 1995), 38.
58. *Ibíd.*, 42.
59. Nancy Fuchs, *Our Share of Night, Our Share of Morning: Parenting As a Spiritual Journey* (San Francisco: Harper San Francisco/Harper Collins Publishers, 1996), 100.
60. Phil Catalfo, *Raising Spiritual Children in a Material World* (Nueva York: Berkley Books, 1997), 39.
61. *Ibíd.*
62. *Ibíd.*
63. Elizabeth Berg, *Family Traditions: Celebrations for Holidays and Everyday* (Pleasantville, NY: Reader's Digest Association, 1992), 9.
64. *Ibíd.*, 9, 19.

NUEVE: Tengo que crear mi propia comunidad

65. Carolyn R. Shaffer y Kristin Anundsen, *Creating Community Anywhere* (Nueva York: Jeremy P. Tarcher/Perigee Books, 1993), 4.
66. *Ibíd.*, 5-8.
67. George Brager, Harry Specht y James L. Torczyner, *Community Organizing* (Nueva York: Columbia University Press, 1987), 36.
68. M. Scott Peck, *The Different Drum: Community-Making and Peace* (Nueva York: Simon and Schuster, 1987), 61-76.
69. Shaffer y Anundsen, *Creating Community*, 9-12.
70. Reuters: *Gender Gap Has Almost Disappeared un U.S.*, 25 de enero de 2000. (WWW.nua.ie/surveys/index.cgi&f=VS&art_id=905355546&rel=true).

Acerca de la autora

Wynn McClenahan Burkett se formó en la Stanford University y en la Yale School of Management. Después de trabajar durante años en gestión e inversiones bancarias, ahora vive en San Francisco con su marido y sus dos hijas.

**OTROS LIBROS DE INTERÉS
EN EDICIONES ONIRO**
Para más información, visite nuestra web:
www.edicionesoniro.com

DIARIO DEL PRIMER AÑO DE MI BEBÉ
Guía práctica del desarrollo social, físico y cognitivo de tu hijo durante los doce primeros meses de vida
HARRIS, A. C.

224 páginas
Formato: 19,5 x 24,5 cm
Libros singulares

YOGA PARA EL BEBÉ
Ejercicios y masajes que te ayudarán a crear un vínculo físico, emocional y espiritual con tu bebé
GOODSON PARKER, D., y BRESSLER, K. W.

192 páginas
Formato: 19,5 x 24,5 cm
Manuales para la salud 7

MASAJES PARA BEBÉS Y NIÑOS
Técnicas de masaje suave para potenciar una profunda comunicación con tu hijo
KLEIN, M.

112 páginas
Formato: 19,5 x 24,5 cm
Manuales para la salud 9

TU BEBÉ JUEGA Y APRENDE
160 juegos y actividades de aprendizaje para los tres primeros años
WARNER, P.

192 páginas
Formato: 19,5 x 24,5 cm
El niño y su mundo 18

LOS GESTOS DEL BEBÉ
Cómo hablar con tu hijo antes de que él sepa hablar
ACREDOLO, L., y GOODWYN, S.

192 páginas
Formato: 15,2 x 23 cm
El niño y su mundo 22

CÓMO HABLAR CON TU BEBÉ
Guía para estimular el lenguaje y reforzar los vínculos afectivos
DOUGHERTY, D. P.

144 páginas
Formato: 15,2 x 23 cm
El niño y su mundo 28

Otros libros de interés en Ediciones Oniro
Para más información, visite nuestra web:
www.edicionesoniro.com

24 HORAS AL DÍA CON TU BEBÉ
Juegos, actividades e ideas divertidas para entretener a tu hijo
ROWLEY, B.

304 páginas
Formato: 15,2 x 23 cm
El niño y su mundo 31

LOS PRIMEROS PASOS DEL BEBÉ
Ejercicios para el primer año de vida de tu hijo
FOX, S.

288 páginas
Formato: 15,2 x 23 cm
El niño y su mundo 33

EL DESPERTAR AL MUNDO DE TU BEBÉ
El niño como protagonista de su propio desarrollo
DE TRUCHIS, C.

264 páginas
Formato: 19,5 x 24,5 cm
El niño y su mundo 44

DE VUELTA EN CASA CON EL RECIÉN NACIDO
Los cuidados básicos del bebé durante las seis primeras semanas
ZAHN, L.

208 páginas
Formato: 15,2 x 23 cm
El niño y su mundo 47

MAMÁ Y BEBÉ
La sabiduría secreta del embarazo, el nacimiento y la maternidad
JACKSON, D.

144 páginas
Formato: 20 x 21 cm
Libros ilustrados

TODO LO QUE TU BEBÉ PREGUNTARÍA... SI SUPIERA HABLAR
KARMILOFF, K., Y KARMILOFF-SMITH, A.

192 páginas
Formato: 19 x 25 cm
Libros ilustrados